新型城镇化与城乡融合发展研究

毛爱花 高 宁 孙 兵 编著

吉林科学技术出版社

图书在版编目（CIP）数据

新型城镇化与城乡融合发展研究 / 毛爱花，高宁，
孙兵编著 . —— 长春 : 吉林科学技术出版社，2023.3
ISBN 978-7-5744-0210-2

Ⅰ . ①新… Ⅱ . ①毛… ②高… ③孙… Ⅲ . ①城市化
—研究—中国②城乡建设—经济发展—研究—中国 Ⅳ .
① F299.21

中国国家版本馆 CIP 数据核字（2023）第 064523 号

新型城镇化与城乡融合发展研究

XINXING CHENGZHENHUA YU CHENGXIANG RONGHE FAZHAN YANJIU

编　　著	毛爱花　高　宁　孙　兵
出 版 人	宛　霞
责任编辑	李　超
封面设计	树人教育
制　　版	树人教育
幅面尺寸	185 mm×260 mm
开　　本	16
字　　数	220 千字
印　　张	9.875
版　　次	2023 年 3 月第 1 版
印　　次	2023 年 3 月第 1 次印刷

出　　版	吉林科学技术出版社
发　　行	吉林科学技术出版社
地　　址	长春市福祉大路 5788 号龙腾国际大厦 A 座
邮　　编	130118

发行部电话 / 传真　0431-81629529　　81629530　　81629531
　　　　　　　　　　81629532　　81629533　　81629534

储运部电话　0431-86059116

编辑部电话　0431-81629520

印　　刷	廊坊市广阳区九洲印刷厂
书　　号	ISBN 978-7-5744-0210-2
定　　价	78.00 元

编委会

主 编

毛爱花　中共甘南州委党校

高　宁　山东建筑大学设计集团有限公司

孙　兵　肥城市房产管理服务中心

副主编

巴力吉民木·伊杰　新疆塔城地区和布克赛尔蒙古自治县住房和城乡建设局

高　超　山西省朔州市规划和自然资源局

黄静怡　山东省城乡规划设计研究有限公司

刘效龙　山东省城乡规划设计研究院有限公司

吕英美　海阳市规划编研中心

齐青瑾　山西省朔州市国土空间综合治理服务中心

施现宾　菏泽城建建筑设计研究院有限公司

谭　昉　中国建筑西北设计研究院有限公司

编　委

李　萍　中国建筑西北设计研究院有限公司

宋　哲　中国建筑西北设计研究院有限公司

前　言

随着城镇化规模不断扩张,做好城乡土地利用和管理规划工作有利于节约土地资源,进一步促进城乡产业结构调整。全面建立完善土地规划和制度政策,可以加快城镇化进程,促进城镇稳定、和谐发展,使人民共享新型城镇化发展的成果。

随着我国经济的发展,城镇化是现代化的必由之路,加快实施以促进人的城镇化为核心、以提高质量为导向的新型城镇化战略是新时代推进新型城镇化发展的重要内容之一。当前城乡要素流动不顺畅、要素资源配置不合理等问题依然存在,成为影响新型城镇化发展质量的重要因素。

在我国现代化的城乡发展一体化大环境下,我国城镇化发展进程不断加快。在这样的新形势下,在当前的新型城镇化发展过程当中,应该加强城乡建设,突破过去城乡建设的规划方式,营造一个良好且和谐的城市氛围与环境,强调城市所具备的功能,为城市的健康可持续发展增添更多的推动力。在当前的城乡发展大环境下,城乡规划应保证自身的时代特性,和我国社会与经济快速进步要求相符。实现城市与乡村区域的良好协调,要将以人为本的发展观念落在实处,进而满足人们的实际需求,和社会的实际发展情况相符,实现城乡一体化大环境下的城乡合理规划,推动我国城乡的深入发展。

本书是一本关于城镇化的专著,主要讲述的是新型城镇化以及城乡融合。本书首先对城乡一体化展开了一系列讲述,接着对新型城镇展开讲述,最后对全球一体化下的城乡融合展开详细讲述。希望本书的讲解能够给读者提供一定的借鉴意义。

目　录

第一章 城乡一体化发展理论基础与发展经验借鉴

纵观人类社会的发展历史不难从中看出,建设城乡一体化有助于平衡产业结构,缩小城市与农村之间的差距,从整体上实现现代化。我国经济已经发展到一定阶段,应该逐步进入富裕带动贫困、城市带动农村的发展模式,将先进技术引入到农业之中,加快实现农业的现代化,使我国走向有中国特色的农业现代化道路。城乡一体化发展是我国经济社会发展的新问题和新趋向,在理论和制度的研究中,都要加大力度,来保证我国城乡一体化建设持续健康的发展。

第一节 城乡一体化的含义及意义

一、城乡一体化的内涵及特点

(一)城乡一体化的内涵

关于城乡一体化的内涵,不同的人有不同的看法。有的学者认为,城乡一体化有广义和狭义之分。从狭义上来看,城乡一体化主要是指经济方面的一体化,即城乡经济通过相互补充,从而实现一体式发展。广义上的城乡一体化不仅包括经济上一体化,在社会、文化、生态等各个方面都要实现城乡一体化。有的学者从空间布局的层面来进行精心考虑,他们认为,城乡一体化是"自然—空间—人类"的良性循环系统或者最优空间网络系统。有的学者从社会生产力发展的水平看待城乡一体化,在他们看来,城乡一体化的出现是因为社会生产力水平的发展,当社会生产力水平高到一定程度时,必然会出现城乡一体化。有的学者从城镇化发展阶段出发,他们认为城乡一体化是城市化发展的高级阶段。

城乡一体化形成和发展的原因主要是发展中国家为了缩短城乡差距,消除城乡二元对立结构。从学术界关于城乡一体化的定义可以很明显看出,它具有时代特点和地域性的特点。随着我国改革开放的不断深入,以及我国市场经济体制的不断完善和发展,城乡一体化的内涵和外延也随之逐渐增大,其范围也变得更加广阔。城乡一体化的定义不能简单地从城市和农村的某一个方面来考虑,也不应该就地理或时代范围进行单方面的限制。总的来说，科学的城乡一体化需要以一个高水平的社会生产力为基础，对城乡的经济社会发展进行综合考虑。然后通过城乡互动，使城市和乡村双方的经济进行互补，从而形成一个和谐发展的城乡一体化社会结构。其含义可以包括以下六个内容。

其一，城乡一体化是人类发展中的一个理想追求目标。在社会实现城乡一体化后，国家的居民可以共同分享人类的文明成果。

其二，要想实现城乡一体化，其前提是生产力水平在很大程度上得到了提高。城市和农村的生产力都达到一个很高的水平，有助于缩小城乡差距、消除二元结构。

其三，城乡一体化不是一朝一夕可以实现的，它是一个漫长的、渐进的过程。区域不同、国家不同，其资源优势是不一样的，因此，各个国家和地区的城乡一体化过程长短也是不一样的。有的地区和国家会比较长，有的城乡一体化进程则比较短。

其四，城乡一体化不是城市或乡村单方面的努力可以实现的，它需要城乡双向、共同努力。城市和村庄是不可分割、相互交织、相互作用、相互支持的，共同努力创造和谐的城乡社会将充分发挥自己的优势。

其五，在实现城乡一体化后，并不是城乡合一，不做任何区分，城乡作为社会的两个部分，两者之间仍然会有差异性。但是这种差异性不再是城乡在各方面的差距，而是双方各自具有不同的特点。

其六，城乡一体化并不是人类关于社会发展的最终追求目标，而是一个阶段性的发展目标。当人类社会实现城乡一体化后，社会生产力水平不断发展和提高，人类社会的发展会有更高的追求。

（二）城乡一体化的特点

1. 目的性

城乡一体化并不是凭空想象出来的，它的发展有着相当明确的目标——逐步消除发展中国家长期存在的城乡二元结构，最终形成和谐的城乡一体化社会结构。城乡一体化发展的不同阶段也有不同的目的。在其初期，城乡一体化的目的是减小城乡差距，就一些影响城乡居民生产的项目和快速发展的目标达成一致。例如，城乡居民的收入达到一致，城乡居民在社会保障待遇方面能够有同样的机会，城乡居民在教育、医疗等方面享受同等待遇。在后期，城市和乡村主要的差距已经没有了，关于空间布局、生态环境规划等方面也做好了整合，但城市和乡村仍有各自的特点。

2. 阶段性

城乡一体化是阶段性实现的，它在缩小城乡差距时不是一蹴而就的，而是一个渐进的变化过程。地区不同，城乡一体化的过程长短和进展时间是不同的。在经济技术发达的地区，由于有着完善的基础设施，因此城乡一体化的起点会比较高，所用的时间就会比较短。而经济欠发达地区则与此相反，需要的时间就较长。总而言之，城乡一体化进程可分为两个阶段。第一阶段是城乡一体化的初始阶段，在这个阶段主要目的是解决城乡差距的突出问题。在初始阶段，随着社会经济的发展，会逐渐消除城乡差距，在生活水平上，城乡居民会逐渐趋于一致。在该阶段，主要采取的措施有农业产业化、农业现代化、城市化、工业反哺农业、城市支持农村等。第二阶段是城乡一体化的后期阶段，在后期主要是就城乡空间布局以及生态环境保护问题进行解决。居民不再因为生活的原因而选择在哪里定居，在城市或是在乡村定居只是居民的爱好选择。在这一时期，现代城乡交通信息网使城乡居民可以自由双向流动。如果居民喜欢城市，就可以搬到城市生活，而喜欢农村的话，就可以到农村生活。总的来说，这两个阶段没有严格的界限，从一定程度上来看，这两个阶段的工作会有部分重复。

3. 广泛性

城乡一体化是考虑整个城乡的发展，因此城乡一体化涉及的议题具有广泛性，如政治、经济、社会、文化、生态环境、规划布局等方面。从政治方面上来看，城乡居民同为国家居民，他们有着同样的权利。从经济方面来看，城乡一体化能够反映出三大产业的合理布局，且有利于城乡的技术和资源优势得到充分发挥，进而提高国家的生产力，使国家的经济效益达到最大化。从社会方面上来看，城乡一体化体现了城市和乡村两大部门的自然和谐统一发展，使资源和要素能够在城市和乡村之间合理流动，居民的生存和发展不再受到城乡差距的影响。从文化方面上来看，居民无论是在哪个地方，其思想观念和文化水平不再受地域限制，人才在城市和乡村之间均匀分布。从生态环境方面来看，在保护好环境的前提下，对各种环境资源做好合理配置，从而使环境可以实现自我循环，生态环境可实现持续发展。从规划布局方面来看，城乡一体化会使城乡特点合理分布，既要能满足城乡居民生存生活的需要，也要促进生态环境的发展。

4. 长期性

从现实来看，世界上各个国家的城乡关系基本都经历了乡村、孕育城市、城乡分区、城乡对立、城乡融合几个阶段，由此可以说，在城乡融合过程中，城乡一体化是一个重要的步骤。城乡一体化的实现是一个漫长的缓进过程，它具有连续性和渐进性，其所需要的时间长度要以各个国家的社会经济发展情况为基础。

5. 双向性

长期以来农村是城市发展的资本积累和商品销售地，为了促进城市的发展，农村付出了极大的代价。然而，缩小甚至消除城乡差距，最终实现城乡一体化这一目标，需要城市和乡村共同作用才可能实现。农村地区要致力于发展农业技术，提高农业产出能力，生产更多优质农产品和其他产品，提高整个农村的生存能力。同时，农村剩余劳动力转移到城市，满足城市的劳动力需求，促进城市工业和服务业的发展。城市应当利用其主导地位优势，与农村加强沟通与合作，向农村提供大量的资金以及先进的技术和管理经验，从而进一步提高农村的发展速度。总的来说，农村的发展需要城市的反哺，同时当农村变得更加好时，它也会为城市商品提供一个更大的销售区域。更重要的是，城乡环境保护、规划和布局需要城乡之间的协调。

6. 差别性

城乡一体化就是要用全面和系统的观点,综合考虑城市和乡村的发展,对城乡进行统筹规划。城乡一体化不是将乡村变成城市,也不是将城市变为乡村,而是在城乡一体化后,城市和乡村各自保留着自己的特点。城市有其大气繁华,农村保持其清新、典雅、自然、秀丽。农村的农业、工业、商业、交通、建筑等各个产业都要发展,农业的生产方式和管理技术也将改进,但其会继续保留着一些本色。总而言之,城市和乡村各自为对方的发展提供补充,两者相辅相成,城市和乡村的差异不会消灭,但两者之间没有差距,只存在不同性。

二、城乡一体化的意义

在我们这样的传统农业大国,城镇化中最容易出现的问题是发展不均衡,顾了城镇,丢了农村。在谈论农业人口大量向城镇转移的时候,时常会出现这样一种观点,即认为城镇化过程将会导致农业的衰退。青壮年农业劳动力不再从事农业劳动了,今后谁来种田? 农村只剩下老人、妇女和儿童,他们能担负得起艰辛的种植粮食的任务吗? 如果外出务工的男性劳动者在城里找到了比较稳定的工作后,把妻子和孩子都接到城镇去安家了,那么农村岂不变成"老人村"了? 不得不承认,农民进城将给农业发展带来一定的影响。但解决方案不是不搞城镇化,而是加快农业现代化。城镇化是农业现代化发展的黄金机遇。

一是城镇化对农业现代化发展提出了强烈的需求。农村人口向城镇转移,使得再用"人海战术"解决农业问题成为不可能,不能再停留在一家一户"小打小闹"的农业水平上,传统农业再也不能继续这样下去了。正是这种需求,促进了农业现代化发展,国家需要农业现代化,农民也需要农业现代化,农业现代化成为必然。

二是随着城镇化进程的推进,生产要素的重新组合得到了深入发展。在农村人口向城镇转移的同时,资本、技术、人才也会流向农村,并在农村生产要素重组中发挥更大作用。新型的农村需要新型农业企业家,能够吸纳和整合各种要素的各种经济组织将在农村获得空前的发展。这就为农业现代化创造了基础条件。

三是城镇化促进城乡一体化必然会带动农业现代化。城镇化吸收了农业的多余劳动力,使农业的劳动生产率得到了提高;城镇工业的发展和第三产业的发展,为农业现代化提供了技术、设备和多种服务;城乡人口的增多,扩大了农产品消费的需求;城乡经济渠道畅通,必然扩大和扩展农产品的市场;城乡文化交流必然导致农民素质的提高,等等。

三、城乡一体化中城市的发展

(一)城市的定义与市(镇)建制标准

1. 城市的定义

从我国文字的字义来看,"城"指四面围以城墙,具有防卫意义的军事据点;"市"为交易场所，即"日中为市""五十里有市"的市。但是有防御城垣的居民点并不都是城市，有的村寨也设防御的墙垣。作为交易场所的居民点也并非都是城市，如我国大量集镇都成为周围村民的赶集场所。所以从字义来看，城市就是有一定防御能力的、具有商业功能的、有一定人口的居民点。

国内外的学者，从经济、社会、地理、历史、生态、政治、军事等不同的角度，对城市下过各种各样的定义，其数量多达几十种。地理学者认为，城市是建筑物和基础设施密集地区，是一种本质不同于农村的空间聚落；社会学家认为，城市之所以为城市，主要是因为城市形成一种特有的生活方式——城市性，就是指社会活动的形式和在由众多异质的个人组成的相对稳定的聚居地中出现的组织；经济学者认为，城市是工业和服务业经济活动高度聚集的结果，是市场呼唤的中心；人口学家认为，城市是人口高度聚集的地区，人口规模和密度是判断城市的重要标准。虽然各个学科从不同角度对城市进行了定义，但时至今日未有一个公认的定义，"要给城市下一个准确的定义，是一件比较困难的事情。城市的定义已经成了著名的难题"。美国城市学理论家刘易斯·芒福德指出："人类用了5000多年的时间，才对城市的本质和演变过程获得了一个局部的认识，也许要用更长的时间才能够完全弄清它那些尚未被认识的潜在特性。"

我国相关标准对城市（城镇）定义为：以非农业和非农业人口聚集为主要特征的居民点，包括按国家行政建制设立的市和镇。

2. 市（镇）建制标准

为了适应经济社会发展和改革开放的新形势，适当调整设市标准，对合理发展中等城市和小城市，推进城市化过程，具有极其重要意义。不少市的市政建设和第二、三产业是有明显进展的，对促进区域城市化是具有一定积极意义的，其中有部分市的设置是合理的。然而，由于各地对"城市化"的含义不甚理解，某些县市的设置打乱了行政区域的划分和行政机构的合理设置，造成对城市化的误导，并利用建市圈地出卖谋利等，出现了种种弊端。

世界各国设置城市的标准不同，主要指标为：行政级别、人口数量和人口密度、非农业人口比例和服务设施。

我国的市、镇建制标准前后经历过好几次变动。中华人民共和国成立初期规定：人口在5万人以上的城镇予以设市。后来，为适应各时期国家城市发展的指导方针，我国曾数次制定和修订了设市标准。

（二）城市的发展

城市的产生、发展和建设都受到社会、经济、文化科技等多方面因素的影响。城市是人类为适应集中居住、防御、生产、生活等方面的需求而产生的，并随着这些要求的变化而发展。人们的集居形成社会，城市建设要适应和满足社会的需求，同时也要受到科学技术发展的促进和制约。

城市的发展，大体上可分为三个大的发展阶段，即农业社会阶段、工业社会阶段和后工业社会阶段。也可把城市划分为古代城市和近代城市。

1. 农业社会的城市

在农业社会历史中尽管出现过少数相当繁荣的城市,如我国的唐长安城和西方的古罗马城,并在城市和建筑方面留下了十分宝贵的人类文化遗产,但农业社会的生产力十分低下,对于农业的依赖决定了农业社会的城市数量、规模及职能都是极其有限的,城市没有起到经济中心的作用,城市内手工业和商业不占主导地位。

2. 工业社会的城市

从18世纪后期开始的工业革命从根本上改变了人类社会与经济发展的状态。工业化带来生产力的空前提高及生产技术的巨大变革,导致了原有城市空间与职能的巨大重组,而且促进了大量新兴工业城市的形成,城市逐渐成为人类社会的主要空间形态与经济发展的主要空间载体。蒸汽机的发明、交通工具的革命以及工业生产本身的扩张趋势,加速了人口和经济要素向城市聚集,使城市规模扩张、数量猛增,产生了世界性的城镇化浪潮,城市真正成为国家和地区的经济发展中心。

工业社会的城市具有以下特点:工业社会城市的大量兴起,城市人口的迅速增加;工业生产成为城市的主要职能之一;城市功能和用地类型多样化,环境人工化;城市问题大量出现,如土地问题、住房问题、交通问题、环境污染问题、社会问题等;城市分布不均衡,形成区域性的城市密集区,向海岸线或淡水河流、内河入海口、资源富集地区分布。

3. 后工业社会的城市

有越来越多的学者认为我们正在逐步进入后工业社会。概括而言,后工业社会的生产力将以科技为主体,以高新技术(如信息网络、快速交通等)为生产与生活的支撑,文化趋于多元化。城市的性质由生产功能转向服务功能,制造业的地位明显下降,经济呈服务化。高速公路、高速铁路、超声速飞机等现代化运输工具大大削弱了空间距离对人口和经济要素流动的阻碍。环境危机日益严重,城市的建设思想也由此走向生态觉醒,人类价值观念发生了重要变化,人类社会向生态时代迈进。后工业社会种种因素导致了人们对未来城市发展形态及空间基础的多种理解,也为城市研究、城市规划设计提供了一个无比广阔的遐想空间。

后工业社会的城市具有以下特点:后工业社会的城市成为金融服务业、文化活动、国际贸易活动以及高科技活动的中心;发达国家从乡村到城市的人口迁移逐渐减少,一个全新的规模庞大的城乡人口流动的逆过程开始出现。人口和财富进一步向大城市集中,不仅会使大城市数量急剧增加,而且大城市在地域空间不断扩展,导致会出现超级城市、巨城市、城市集聚区和大都市带等新的城市空间组织形式;城市生态环境问题仍然突出,如大气和水质的恶化、热岛效应、人口拥挤等问题依然没有得到解决。

4. 古代城市的发展

古代城市是指工业革命以前农业社会时期的城市,城市发展很慢,绵延时期很长,城市人口占总人口的比重很少。古代城市功能单一,大部分城市作为单一的行政管理、宗教活动、军事、手工业或商业中心等。古代城市的结构和形态都比较单纯，城市多以王宫、庙宇、教堂、官邸以及其他大型公共建筑为中心，布局上体现出阶级对立的思想或者礼仪思想。

这一时期的城市发展主要满足以下四方面的要求：政治、经济、社会发展和防御。

最初，人类的固定定居点具有防御性要求，其目的是防御野兽的袭击和部落之间的战争。在我国的殷商时期，就出现了土筑的城墙，到周以及春秋、战国时期，由于战争频繁，形成了古代史上一个筑城的高潮时期，当时诸子百家之一的墨家，在其文献《墨子》中就记载了最早的城市建设和城市规划的方法。此后，一直到清代，战争防御一直是我国古代城市的一个重要职能。从城市平面上来看，从最初的一套城发展成为两套城、三套城等。城的外侧有深而广的壕沟、高而大的城墙，这都是为了防御的需要。

社会的阶级分化与对立在城市建设方面也显现出来。在中国的古代城市中，统治阶级专用的宫城居中心位置并占据了很大的面积。

政治体制对城市建设也有直接的影响，最明显的就是中国封建社会都城的建设，典型的布局如长安城、东都洛阳、元大都、南京等。

经济带动城市的发展和繁荣，经济制度既直接影响城市的发展形态，也会带来城市的结构布局的变化。在整个漫长的封建社会中，小农经济是社会的经济基础，地主可通过其代理人向农民征收实物或货币地租，地主阶级尤其是大中地主可以离开农村集中居住在城市，而封建统治的官僚阶级本身即是地主阶级或他们的代言人。中国的城市是政治、经济生活的中心。

商品经济的发展依旧是促进城市发展的主要因素。中国封建社会中，商品经济发展虽然缓慢，但在一些商路交通要地、河流的交汇点等商业发达。手工业集中，往往形成一些商业都会。这些都会在很长时期内兴盛不衰，虽屡受战火毁坏，但是仍能在原地快速重建，如苏州、扬州、成都、广州等。南北朝以后，政治军事中心仍在关中地区，而经济中心转移至江淮。隋代大运河修通后，在运河沿线，发展起繁荣的商业都会，如汴州（开封）、泗州、淮阴、扬州、苏州、杭州等。元代后，建都北京，南北大运河仍为经济命脉。天津、沧州、德州、临清、济宁等地也相继繁荣起来，与原来已有的一些商业城市形成一个沿运河的城市带，并与长江中下游一些商业城市如汉口、九江、芜湖、安庆、南京、镇江联系起来，成为中国经济发达的地带。

城市最初是由交换剩余产品的商市发展而来的。随着生产力的提高，剩余产品的数量、种类增加，交换活动因之扩大，商市也随之由小变大，成为由不固定到固定的场所。中国在西周奴隶社会，有规模的交换活动被奴隶主贵族控制，都城的宫市是为他们服务的。春秋到战国时期，为适应封建经济要求，开始打破由奴隶主贵族控制的宫市，在都城中出现了各阶层共同享用的市。汉长安城设有集中的九市，隋唐长安城有集中的、规模很大的东市和西市，这种集中的市规模大、管理严，但却不便于居住。北宋中叶以后，随着城市商品经济的进一步发展，汴州出现了店铺密集的商业街，城市的集中市制逐渐废弃。这一改变给城市的结构布局带来了影响。到封建社会后期,出现拥有大量雇工的大型作坊和资本主义生产关系的萌芽,这种发展对于城市的结构布局有一定的影响。

综上所述,在漫长的农业社会中,城市的发展是非常缓慢的。中世纪后,随着手工业及商业的发展,特别是 16 世纪新航路和新大陆的发现,刺激了商品经济的发展和海上贸易的发展,城市的发展进入新的时期,城市的数目在迅速扩大,但这一时期的城市规模一般不大。

5. 近代城市的发展

农业产业的产生,被称为第一次产业革命,而 16 世纪末 17 世纪初期开始的第二次产业革命,被称为工业革命,从此开始了人类社会的工业化时代。而相应的城市发展从古代城市发展到了近代城市,或者说从农业化时代的城市发展成为工业化城市。工业革命使整个社会生产方式发生了剧变。随着科技进步和机器体系的推广,自然经济趋于解体,分散的、小规模的手工操作被社会大生产取代,分工与协作向纵深发展,城市工业主导了社会的产业结构,城乡对立加剧,殖民扩张盛行于世,阶级对抗形成,贫富差距悬殊,商品大潮势不可挡地在全世界漫延,世界市场逐渐形成,主要表现为城市数量大幅度增加、规模急剧变大、分布的区域范围扩展。

近代城市的发展可以分为以下五个方面:

一是城市的工业化发展促进了人口的聚集,加速了城市化步伐。工业革命实际上是能源和动力的革命,工业革命使得人们开始摆脱了对风力、水力等天然能源的依赖,通过人工能源,可以把生产活动更加集中在某一地区,从而使得加工业得以在城市迅速发展起来,并带动了商业和贸易活动,从而使得城市人口迅速膨胀。正如马克思所讲:人口也像资本一样集中起来。工业化吸收了大量的农业人口,使之转化为城市人口,同时城市工业用地和商业用地等扩张,也吞并了城市周围的大量农业用地,失去土地的农民被迫进入城市,成为工人,这些都加速了城市化的迅猛发展。

二是工业化发展促进了城市布局的变化。城市居住区发生了变化,形成了以工厂为中心的工人居住区,以及为其提供生活服务的衣食住行服务业的集中:这种圈层式的发展模式,是工业化初期城市发展的典型形态。工业化发展到一定程度后,流通业高度发展,城市中出现了仓储用地等新的用地需求。人口的聚集、生活水平的提高、生活需求的多样化,促进了城市商业用地、公共事业用地和其他金融用地的需求。交通工具的发展和交通设施系统的快速发展对于城市交通系统的变革需求产生了非常大的影响。

三是城市与环境的关系。城市的发展、扩展过程,也是自然环境变为人工环境的过程。城市是人类改造自然环境最彻底的地方,使得城市居民减少了甚至是丧失了与原有自然环境密切接触的种种乐趣和优点。因此,在城市化和城市发展中如何处理好人工环境和自然环境之间的关系,成为现代城市规划学科的重要课题。数十亿人的生活质量将取决于自由市场经济的发展与绿色城市的关系。有的城市在人口增长时环境会恶化,而有的城市却可以保护甚至提高环境的质量。绿色城市拥有清洁的空气和水、干净的街道和公园,在面对自然灾难时拥有自我复原的能力,传染病的发病率也比较低。绿色城市同时鼓励绿色行为,比如鼓励人们使用污染相对较少的公共交通工具。公共健康专家研究发现了一种衡量城市环境质量的方法。他们主要关注空气污染、污水以及其他能造成疾病的环境因素会对人们的健康带来什么样的影响。根据这种方法,如果一个城市与环境有关的疾病的发病率较低,我们就称其为"绿色城市"。从宏观变化趋势而言,城市发展对城市环境会产生两种相反的效应,即规模效应和质量效应。伴随着经济的增长,消费和生产的规模会扩大,能源消耗和碳排放量也随之增加;与此同时,人们对环境的偏好也逐渐上升,加上公共政策的激励,生产者和消费者都会偏好更"绿色"的技术、设备和产品,这也会减少能源消耗和碳排放量。城市环境库兹涅茨曲线是一个动态的、描述人均收入与城市环境质量(或污染程度)关系的曲线,随着城市人均收入的增加,城市环境质量将会经历先恶化再改善的过程。

四是科技的发展带来的城市聚集效益及高质量的城市生活。生产和人口的聚集促使城市发展,带来了前所未有的生产力的聚集,创造了巨大的物质财富。工业的发展、工业门类的增加、科技的进步和交流、多种产业的协作,为城市带来了巨大的聚集效益和规模效益。商品的交流和集散、信息的发达、人口的集中和流动使城市成为物流、人流、信息流的中心。科技的发展促进了市政工程及城市公用设施的发展,自来水、电灯、电话、煤气、公共汽车、电车、地下铁道、污水处理系统等技术上的不断改进,使城市的物质生活达到很高的水平。学校、剧院、图书馆、博物馆、娱乐设施的集中也使城市的文化生活水平不断提高。工业社会使城市高度发展,这是随着社会经济发展必然会出现的结果,也是社会进步的表现。

五是近代城市发展带来一系列问题。工业社会使城市高度发展,但同时也出现了由于工业化及人口增加产生的土地问题、住房问题、交通问题、环境污染问题及社会问题等。城市畸形发展和扩张,工业生产在城市的高度集中,城市人口的急剧增长,破坏了城市生态系统的原有平衡,城市问题即"城市病"开始暴露并日趋严重。如交通拥挤、环境污染、布局混乱、用地不足、住房紧张、社会治安不良等一系列问题,促使城市居民的生产生活环境日益恶化。城市中心区开始逐渐衰落,这些问题在城市规划中不断地被解决,也不断出现新的问题。

第二节 城乡一体化发展的理论基础

一、古希腊经典理论

纵观人类发展的历史,城市一般是从乡村进化而来的,如早期城市雅典。经过提修斯改革之后,雅典逐渐发展成为初具政治、经济、宗教功能的城市。雅典产生之后,城市与乡村更多的是军事上互动的攻守空间。经济方面,城市与乡村存在一定的市场交换,以此互通余缺,使双方可以维持基本的经济社会运转。城市在提供商品和服务的同时,也为城乡商品交易和社会服务提供了比以前更加便利的市场环境。

1.色诺芬关于城乡发展的观点

色诺芬在其著作《经济论》和《雅典的收入》之中，体现了其经济思想和主张。色诺芬的主要经济观点是：第一，色诺芬认为农业在经济部门中地位最高，土地是所有财富中最重要、最可靠的资源。他将城市经济活动与乡村经济活动区分开来，城市的消费是建立在以农业生产和乡村对城市资源的供给基础之上的；第二，色诺芬在其著作中，充分表达了自己对工商业的鄙视和厌恶，认为这些不过是"所谓粗俗的技艺，会伤害公民的身体和精神"。

但在另一方面，他又觉得发展城邦的工商业是十分有必要的。在《雅典的收入》一书中，色诺芬集中明确表达了他的重商思想，认为发展城邦的工商业是必要的，因为这能解决城邦平民贫困问题。这种矛盾思想之所以会集中在色诺芬一人身上，主要取决于当时的经济发展情况，以及色诺芬本人的政治立场。色诺芬是最早从分工视角来论述城乡差别的，尽管还很肤浅，但是其论述的合理性是毋庸置疑并带有一定价值的。

2.亚里士多德关于城乡关系的论述

亚里士多德关于城乡关系的论述主要体现在对德莫（Demoe）的描述中。亚里士多德把德莫看作邦内居民，是"自由而贫穷，同时又为邦内多数的人们"。他界定城市是城邦的中心区，乡村是城邦中的其他地域。与色诺芬相比，亚里士多德并没有专门的经济类著作描述城乡关系，不过德莫是"浓缩的城乡关系的自治单位，德莫所蕴含的政治、经济、宗教等诸多功能，正是深入研究古典时期雅典城乡关系的基础"。

二、古典经济学理论

1.重农学派的观点

鲍泰罗是意大利重商主义时期的人口思想家，研究领域很广，涉及宗教、国家、政治、经济和人口问题。当时意大利各大城市经济社会发展几乎停滞，鲍泰罗为找出原因，从农业生产和城市发展的关系入手进行了重点研究，最后得出结论为农产品剩余是城市存在的基础。这一结论为后来城市化研究提供了一个重要前提。

约翰·杜能是经济地理学和农业地理学的创始人。早期的理论家多强调城乡关联发展，在经济学和经济地理学萌芽时期，城乡关系系统性的研究方法和理论就已经形成。在经济地理学中，杜能树立了城乡关系研究的一个典范。在《孤立国同农业和国民经济的关系》一书中，杜能系统阐述了围绕农产品消费中心（城市）与农产品生产地（农村）之间的布局关联，围绕城市的农业土地经营种类、经营强度，以及应当如何安排土地利用的空间结构等问题。

杜能在研究中提出了一系列经济社会假设条件，如他提出"孤立国"的前提条件是只有一个城市，且该城市位于"孤立国"位置，由城市供给农村所需产品等。在这些前提假设下，杜能建立了"孤立国"理论。该理论提出城市和农村的发展是紧密关联在一起的，以城市为中心在生产布局上形成许多有规则的、界限清晰的同心境圈,每个境圈都有自己的代表性产品,配套有独立的耕种制度。在工业布局方面,杜能认为将工业全集中在大城市并不是最好的,更不能把所有的工厂都集中在首都中心,而应以城市为中心进行全境的生产布局,提出要根据产品的性质决定生产圈,交通运输费用较高的产品应规划在城市近郊生产,不易保存的鲜货也宜安排在近郊生产。杜能把生产费用最小和销售价格最低看成生产布局的最高原则,既要考虑到接近消费地,还要考虑接近原料产地。区位理论为更合理地配置城市郊区(腹地)的产业、提高土地的利用程度,使之更好地为城市服务,进而促进城乡一体化提供了有价值的理论基础。

2. 古典政治经济学的观点

(1)亚当·斯密的观点

亚当·斯密在《国富论》中比较详细而系统地对城乡理论进行了阐述和解析。在英国历史发展经验的基础上,他总结出了城乡发展应该遵循的规律,研究了各种外部因素对城乡发展产生的影响。《国富论》指出,"农业上劳动力的增进总跟不上制造业上劳动力增进的主要原因,也许就是农业不能采用完全的分工制度"。这一认识开启了工农业二元经济思想。此外,斯密还切换视角,从社会分工方面研究了城乡方面的相关理论。具体来说,他的理论主要包括四点。

第一,城镇出现于分工之后。斯密对古典经济学所做的一大贡献便是创造了"分工"这一经济学概念。他认为因为有了分工现象才出现了城市,继而演化出城乡关系这一理论。"没有工匠的帮助,农匠必大感不便,且会时作时辍。"工匠成为农民进行农业生产的不可分割的一个群体,工匠们在某一个区域集聚起来,就逐渐形成了小镇。接下来,小镇规模不断扩大,其他工匠逐渐集聚进来,零售商人逐渐加入进来。于是,小城市逐渐形成了。斯密认为,城市和农村之间是互相交换农作物和制造品的关系。在这一交换市场中,市民和农民之间是平等互利的。

第二,城乡市场之间是平等互利的。斯密认为,城市的性质决定其离不开农村的产品供应。例如,城市必然要与农村互通商品,农村提供基本生活资料和原材料,城市提供生产资料和日常生活用品,两者互通有无,互相受益。

第三,城市产业的集聚会提高生产效率。斯密认为农业是各产业的基础,强调"按照事物的自然趋势,进步社会的资本,首先是大部分投在农业上,其次投在工业上,最后投在国外贸易上"。与此同时,他强调城市产业提高了效率,促进了产业聚集,扩大了就业容量,促进了封建领主特权的废除。

第四,城乡关系互动表现为工商业对农村的改良。在斯密看来,城乡的最终协调发展,是市场力量自发推动的结果。城乡的最终协调发展需要经过很长的历史时期。斯密提出了三种改进措施:一是为农村的原生产物提供一个大且方便的市场,以促进农村的开发改进;二是城市居民用赚取的财富购买闲置的土地,可以比农民更主动地进行土地改良;三是工商业的发展改变了农村居民与其邻人的战争和对上司的依附状态,"使他们有秩序,有好政府,有个人的安全和自由"。

（2）大卫·李嘉图的观点

大卫·李嘉图从劳动价值理论和分配理论的角度全面阐述了农业部门在经济中占统治地位的社会里的资本积累问题。他认为,要实现财富增加一定要扩大资本积累。他关于农业资本积累的论述对解释城乡收入差距的形成有重要意义。李嘉图提出社会发展的方向是收益稳步增加的工业,所以以农业为生的农村其结局注定会是衰落。

三、空想社会主义者的理论

1. 对当时城乡关系状况及存在的问题进行批判

以揭露出资本主义本质和构想未来社会为目的的空想社会主义者圣西门、傅立叶和欧文等对城乡一体化理论进行了探索。夏尔·傅立叶认为城市和乡村的本质区别是工业和农业,理想社会中没有工农差别和城乡对立。但是实际上,城市主宰着农村,两者地位并不平等。傅立叶认为,城乡工农结合可以组成"法郎吉",进一步实现自由劳动,消除城乡差别、工农差别等。欧文认为,"工业城市是贫穷、邪恶、犯罪和苦难的渊薮,而所筹划的新村将是富裕、睿智、率性和幸福的园地",主张用"理性的社会制度",即共产主义制度,来代替资本主义制度。圣西门提出,"社会是一个巨大的、复杂的工程,各阶级由从属于农业劳动的人构成,另一个阶级由受雇于工厂和国家的人构成,他们是社会组织体系中的平等成员"。这种城乡产业、城乡人民和全体社会成员都平等的理想主义社会,批判了当时社会中的阶级矛盾,特别是城市和乡村相对立的局面。

2. 对未来城乡关系的设想

在莫尔对未来的设想中,"住在同一地点和同一郊区的人,同一城市、同一乡镇、同一郊区的全体男女,应该构成一个大家庭,彼此都以兄弟姊妹看待,互助互爱。公社之间应该互相结盟,保持和平协调,互相援助"。针对资本主义的"文明制度",夏尔·傅立叶作出了更深层次的批判,其详尽描绘出了理想社会的未来模样,成为城乡一体化思想最早、最系统的论述。罗伯特·欧文批判资本主义制度,并创造出了改造社会的一整套计划。他提出用共产主义制度来取代资本主义制度,财产公有,共同幸福,人人平等,建立共产主义"新村"。在城乡关系上,"这种大小的新村（周围有距离相当的同类新村）能够兼备城市住宅和乡村住宅现有的一切优点,同时又毫无这两种社会所必然具有的无数不便与弊端"。欧文将新村公社作为理想社会的基础,认为其是人类社会的基石。

总而言之,这些构想与历史发展阶段并不相符,其试验也均宣告失败。但他们提出了如何将城市发展作为与农村协调的一个经济系统单元,使工业生产与农业发展相协调这一核心问题。

四、马克思主义经济学理论

马克思主义经济学家关注城乡关系，借鉴了空想社会主义理论中消除城乡之间对立态度的有关思想，经过比较城市发展过程中的本质变化，可以追溯城乡关系的发展轨迹和历史。马克思主义经济学家认为，出现城乡矛盾与冲突的最根本原因是资本主义制度的建立，只有解决了城乡矛盾才能从真正意义上实现共产主义。

1. 马克思、恩格斯的观点

马克思解析了城乡之间的关系。在资本主义工业化大发展的背景下，城乡之间的区别越来越大，生产和生活方式之间逐渐出现了差异。马克思着重说明农村是人类社会得以生存和发展的基础，农产品为人类解决了最根本的温饱问题。城市在社会系统中处于最中心，其中汇聚了人类高度的政治文明和文化文明，是推动整个社会向前不断发展的枢纽力量。

（1）农村：基础地位

农村是人类生存和发展的基础。马克思认为："农业劳动的这种自然生产率，是一切剩余劳动的基础，因为一切劳动首先而且最初是以占有和生产食物为目的的。"农业是农村的命脉，没有农业，人类无法获取最基本的食物和生产资料，所以从这一方面来讲，农村的地位是不可动摇的。也正是因为农业生产的存在，使得一部分人可以从中解放出来去从事其他的工作，这样就出现了社会分工。社会分工之后，新的生产活动开始为社会创造其他各种形式的价值和财富。因此马克思说："农业劳动是其他一切劳动得以独立存在的自然基础和前提。"所以，农村这一基础地位是不可动摇的。

（2）城市：中心地位

城市是社会系统的中心。伴随着资本主义工业化迅速发展，城市中逐渐汇集了丰富多样的生产要素。人员和资本源源不断地流向城市，城市中的政治、经济、文化等各种要素越来越丰富，逐渐成为人类社会生存和发展的中心。马克思指出："资产阶级使农村屈服于城市的统治。它创立了巨大城市，使城市人口比农村人口大大增加起来，因而使很大一部分居民脱离了农村的愚昧状态。"马克思意识到，工业革命的出现使得伦敦汇集了巨大的人口规模，这一集聚效应能够很大程度地推动城市的进步和发展。巨大的人口规模使工业化发展具备了丰富的劳动力资源，使得工厂能够开展大规模生产，从而大大地推动了工业体系的完善和发展。城市中逐渐出现了铁路、公路，交通设施越来越快速和便捷，进一步为经济发展创造了极为有利的条件。大规模的人口效应，丰富了工人队伍，促进了工人之间相互竞争，最终使得工人队伍的整体素质不断提升。同时，因为城市在不断地快速发展，农村也在其带动下逐渐发展起来，最终使得城市成为整个社会发展的枢纽和中心。

2. 斯大林的城乡结合发展理论

（1）"生产条件上的平等"是城乡对立消除的基本条件

斯大林意识到城市和农业、工业和农业之间存在的关系。他主张，城市和农村都达到了现代化,工业和农业都实现了社会化,整个社会的经济才可以实现均衡高速的增长。在斯大林时期,城乡之间、工农业之间存在着阶级割裂,并且两者之间的经济发展出现了严重失衡的现象,这一形势极有可能会引发城市之间、工农之间阶级关系的恶化甚至破裂。而想解决这一棘手局面,就必须将更加先进的生产技术引入到农村与农业生产活动之中。在斯大林看来,达到城乡之间、工农之间生产条件的平等,就可以在一定程度上缩小城市和农村之间的差距。这个观点着重强调了技术的改进与发展在解决城乡冲突和矛盾中所起的重要作用。

(2)"城市和乡村有同等的生活条件"是实现城乡一体化的标志

在恩格斯看来,当城市和农村之间的矛盾和冲突得到彻底解决的时候,大型城市会逐渐消失(显然这需要长时间的发展)。不过斯大林却主张,当城市和农村之间不存在冲突和矛盾的时候,大型城市并不会消失,而且会生成更多的大型城市,其中汇聚着最先进的文化思潮、科学技术、农产品加工机构及功能强大的工业部门。在这些大型城市的带动下,全国经济都会快速发展,城乡之间的生活条件都会相等。由此可见,斯大林认为,城市和农村之间彻底消除矛盾和冲突是指两者之间彻底消灭最根本的差别,即所有制。除此之外,任何其他条件的改变都无法从真正意义上消除城乡之间的差别。城乡一体化并不是要消灭城乡之间、工农业之间的一切差别,而是"使城市和乡村有同等的生活条件"。

五、当代西方经济学理论

当代西方经济学城乡关系理论研究以资源在城乡间的配置为视角,认为市场经济的发展、社会分工的深化导致城市与农村在资源配置功能上的差异。当代西方经济学主要从资源配置的角度,以发展中国家为研究对象,具体分析了社会分工的深化导致生产要素在城乡之间差异性的分布,以及由此产生的城市工业部门与农村农业部门的发展差异性,解读了促进二元经济结构向城乡一元经济演进的过程,并形成了各有偏向的城乡关系理论。与马克思主义经济学强调变革生产关系、合理布局生产力不同的是,西方经济学的城乡关系理论更多强调工业化和城市化的"推拉机制",强调城市现代工业部门的辐射带动作用以及提升农业部门发展水平在城乡二元结构转化中的作用。

1. 强调"城市偏向"的非均衡发展

该理论认为人类社会发展的中心应该是城市,国家的发展应该集中大部分资源用以建设城市,城市发展起来后再带动乡村的共同发展。该理论主要强调城市的重要性及其对农村的主导作用,带有明显的"城市偏向"观点。

(1)刘易斯:二元结构理论

该理论结构模型解释了农民因为工资低廉而进城务工的原因。"二元结构"中的"二元",是指发展中国家现代化的工业部门与传统的农业部门。其中农业部门拥有数量庞大的农民,然而技术水平较为低下,生活条件比较差,农民的边际劳动生产率为零,给人们的印象是"劳动力无限供给"。工业部门劳动生产率相对农业部门来说则要高很多,具备吸纳更多劳动力的潜力。

根据该理论的观点，经济发展是推动农业部门向工业部门转变与转移的过程。刘易斯通过以下论述解释了农业部门生产要素逐渐向工业部门转移的现象。他假定农业部门薪酬水平较低，农民在维持最低生活水平之外没有工资剩余，而工业部门的工资水平较高。在这种情况下，如果农业部门的工资不变，生存成本不变，那么农民向工业部门转移的动机就不会消失，从而使得农业部门劳动力对工业部门的供给具有无限弹性。按照刘易斯的理论，不难从中推断出，工业部门会因为吸收同等工资条件下更多数量的劳动力，而促使所得利润越来越多，工业资本积累程度越来越雄厚，这样就使技术进步成为可能。当生产技术取得进步之后，工人的劳动生产率提高，工业部门进一步获得大量的利润，使其对农业部门的相对优势更加明显。这样一来，农业部门将流失更大数量的劳动力，最终结果将是农业部门流失全部剩余劳动力。

（2）佩鲁：增长极理论

佩鲁发表了著作《增长极概念的解释》，首次提出了增长极理论，并在之后出版的《二十世纪的经济》中系统而详尽地阐述了该理论。增长极理论指出，经济发展的过程中并非每个行业的每个部门都会实现均衡发展，而是各地区、行业、部门的经济会因为各种条件的不同而出现不同程度及速度的增长。该理论从根本上着重指出了区域经济在发展过程中的不平衡现象，它主张集中资金和资源发展前景好、潜力大、投资效益高的地区和行业，发挥增长极的发展优势，使其与附近其他地区或行业的经济出现势差，最终利用市场经济的传导作用将其发展优势投射到附近区域。根据增长极理论的观点，城市尤其是中心城市利用自身的发展优势，要成为周围地区的生产、贸易、服务、金融等中心，并且吸引其周围农业部门的内部资源，称为极化效应，使其获得集聚效应和规模效应，进而成为城市化的驱动力；同时，城市发展还会带来示范及扩散效应，辐射带动周边地区的发展。由此可见，增长极理论更强调发展的重点应该在城市，应通过城市的发展带动农村发展。

（3）赫希曼："极化–涓滴效应"理论

赫希曼曾明确指出，当区域经济发展出现不平衡时极化效应和涓滴效应就会出现。其中，极化效应指因为城市经济快速发展，行业内部就会出现劳动力的价格升高、企业家的利润提高，这些将会吸引大批农业部门内部的资源进入发展较快的城市，较多的劳动力也会蜂拥而至，从而使得城乡之间的差距更加明显。涓滴效应指城市在经济增长的过程中加大了对农业部门产品的购买量和投资规模，同时吸引了大批农业部门内部劳动力到城市工作，这一转变使得农业部门内部的剩余劳动生产率和人均消费水平提高，从而缩小了城市与农村之间的差距。这一理论指出，经济增长是一种不平衡的连锁演变过程，发展中国家可以借鉴该理论，集中优势资本和资源，将其用于支持某项或某几项发展潜力巨大的部门或产业，最终通过这些部门或产业的发展来带动与其相关联部门或产业的发展。区域的基本地区单元是由城市和乡村共同构成的，二者在经济发展过程中是相互促进、相互影响、相互制约的。

城市和农村因为其所具备的自身结构与外部环境存在差异,因此其经济发展的步伐和方式均存在差异。在经济发展初期,大量的优势资本和资源将会在城市集聚,并不断吸引着农业部门内的资本和劳动力,使得农村发展受到制约,城市对农村具有主导权和支配权。

(4)缪尔达尔:"循环累积因果"理论

缪尔达尔指出,城乡之间的差距在市场的作用下会越来越大,城市因为具备初始优势而比其他地区率先实现经济的增长,同时农村因为缺乏经济发展所需的优势环境而逐渐落后,这就是"循环累积因果"理论。在这个理论的作用下,城市与农村之间的关系出现了以下两种现象:一是回波效应(极化效应),即各种推动经济发展的优势资源在利益的驱使下逐渐脱离农村进入城市,例如劳动力、资金、技术等各项生产要素,最终会使得城市与农村之间的差距越来越大;二是扩散效应,即扩张到一定规模的城市因为沉重的人口负担而对环境造成一系列不良影响,例如人口密集、资源短缺、交通拥挤、环境恶化等,均会使得城市人们的生产成本增加,减缓城市经济发展速度,这时城市会失去其曾经的发展优势,不再继续扩张工业部门的规模,最终各种生产要逐渐分散向附近的农村,促使农村经济不断向前发展。因为这个原因,缪尔达尔主张为了促进经济高速有序地向前发展,政府应该采取集中发展优势,优先发展一部分地区的总体战略,当这一部分地区的经济发展到一定水平之后,再将其优势资源发散到周围落后地区,从而带动落后地区的经济发展,最终达到实现共同繁荣的整体经济发展目标。只不过缪尔达尔发现城市和农村之间的巨大差异已经引起两者之间产生了较大矛盾和冲突,他强调政府应该及时采取有效措施支持和促进农村地区的经济发展。

(5)弗里德曼:"中心—外围"理论

弗里德曼在其著作《区域发展政策》中认为,一国之内有的地区是经济发展的核心区域,而有的地区是经济发展的边缘区域。核心区域即经济较为发达的大型城市及其郊区,这里集聚着大量的人口和资源;边缘区域指的是经济发展比较落后的地区。根据"中心—外围"理论,核心区域与边缘区域经济发展的步伐并非是同步的,核心区域在国家经济发展过程中占据着主导和统治地位,掌握着丰富的国家优势资源,在附近地区经济发展中起着龙头作用;边缘区域被核心区域所主导,依附追随着核心区域的经济发展,其中核心区可以控制和配置各种经济资源。这一理论主张,城市和农村之间的关系,就是核心区域和边缘区域的关系,是界限分明的一种划分。城市(核心区域)聚集着最先进的生产技术和文化思潮,这些优势都是农村(边缘区域)所无法与之相比的。因此,城市具备支配和控制农村经济发展的优势,具备雄厚实力吸引农村资源和劳动力。这一理论较为偏重城市(核心区域)在经济发展中所起的作用,而在一定程度上认为农村在整个经济体系中的作用较弱。

2.强调"农村(农业)偏向"的非均衡发展理论

(1)舒尔茨:改造传统农业理论

舒尔茨一直认为社会工业化的基础在于农业与人力资本的开发,在经济发展过程中占据着不可动摇的地位。在此理论中,舒尔茨将农业分成三个种类,即传统型、现代型和过渡型。他在收入流价格理论中，提出在传统农业里，来自农业生产的收入流价格是比较高的，投入传统社会的资本额收益率比较低。他指出农业技术进步，需要充分做好两点工作：一是改进技术，提升先进技术在农业生产中的应用程度，降低劳动时间；二是发挥人力资源潜力，改革农业部门内部人员的需求与供给结构，趋于合理化。舒尔茨进一步强调，要想实现农业部门的发展，必须首先改进生产技术，实现农业的现代化，只有这样才能最终达到发展壮大农业部门的目的。

（2）乔根森模型

乔根森模型主要有以下两点理论：一是工业和农业部门是国民经济发展的两驾马车，不过农业部门占据着比工业部门更重要的位置，因为农业部门是经济发展的基础，为社会生存及发展提供着最基本的生存和生产资料；二是工业部门要实现经济增长必须以吸收农业部门的剩余劳动力为前提，因此农业部门决定着经济的发展规模和限度。如果农业部门内部不存在剩余劳动力，那么工业部门就无法吸引到更多的劳动力资源。只有当农业部门出现劳动力剩余时，工业部门才可以立即将其吸引进来，并由此产生更多的利润及更大的部门规模。当农业部门存在大量剩余劳动力时，工业部门就可以获得迅速扩张。因此，农业部门的剩余劳动力决定着工业部门的规模，以及整个社会工业化的发展步伐。三是在社会发展过程中，当农业部门内部不存在劳动剩余的时候，所有农村劳动力都在农业部门劳动，这时候被吸引到工业部门的农村劳动力会存在正边际产出。这时劳动力转移所带来的后果是工业部门产出增加，农业部门产出减少，工业部门挤占了农业部门的人力资源。由此可见，农业部门出现劳动剩余是工业部门扩大发展的前提和基础。

3. 强调"城市与农村、工业与农业全面发展"的平衡发展理论

（1）拉尼斯—费景汉模型：二元经济论

这一理论指出了农业部门对工业部门发展所起到的重要作用及影响。该理论认为，在经济发展阶段从传统向现代转变的过程中，农业部门内部的剩余劳动力是工业部门实现规模扩张和行业发展的前提和基础。拉尼斯和费景汉认为，要实现经济的增长，必须要提升农业部门的剩余劳动力，同时提高农业劳动生产率，只有这样才能促使农业生产力向非农业生产力转移，最终推动整体经济不断向前发展。因此，要使二元向一元结构转换得以实现，必须保证农业的迅速增长并使其足以满足非农劳动力对产品的消费需求，农业部门并非处于边缘化的地位，也并非处于被支配和主导的地位。该理论的最终观点是实现工农业的平衡发展才能够最终实现二元结构转化。

（2）拉格·纳克斯："贫困恶性循环论"

纳克斯指出，发展中国家经济发展受到制约，并非资源紧张的原因，而是"贫困恶性循环"在起作用。资本在其形成过程中供求双方均发挥了很重要的作用，而供求始终贯穿于贫困的整个过程，造成了恶性循环产生。首先从供给方面看，发展中国家经济发展水平较为落后，国民平均收入水平较低，实际储蓄水平相应也较低，不具备强大的储蓄能力，因此导致资

本薄弱,无法扩大生产规模和提高生产效率,进而引起未来的低工资现象。就这样,发展中国家逐渐就形成了弱资本、低劳动的恶性循环。从需求方面来看,发展中国家国民收入水平较低,人们生活比较贫困,不具备强大的购买力和消费能力,从而使得国内市场无法形成规模效应,不能吸引外部投资者的兴趣,最终导致没有足够的资本支撑较大的生产规模,进而不能获取较多的利润以支持其研究和改进生产技术,只能维持较低的生产效率和收益,另一个恶性循环随之出现。以上两个循环相互影响,难以打破,最终发展中国家无法实现经济的发展,只能被迫在贫穷和落后的处境中挣扎。纳克斯又提出了平衡增长理论,该理论阐述了外部经济效益和各部门之间在供求方面具有互补性和不可分性,只有在国民经济的各个部门和各个企业进行均衡的资源配置,经济才能得到全面均衡良好的发展。

4. 强调"城乡(工农业)一体化发展"的理论

(1)霍华德:田园城市理论

霍华德出版著作《明日的田园城市》,提出田园城市理论。该理论较早地提出城乡一体化发展思想,倡导"用城乡一体的新社会结构形态来取代城乡对立的旧社会形态"。著作指出,城市规模的不断扩大给环境造成了巨大的压力,噪声、交通等各种污染不断降低着城市的生活质量,人们应该从城乡协调的新角度来看待城市的经济发展,将城市及其周边视为整体来进行分析,并最终解决城乡之间存在的根本问题。按照霍华德的定义:"田园城市"应该具备健康生活、健康的产业,其规模不应超过社会生活的实际需要,周边应环绕着农村农业。土地所有权是共有的而非私有。在这种模式的生活中,人们快乐地生活和工作,其中既有快节奏的城市生活模式,又间杂着自得其乐的农村生活模式,市民在这两种其乐融融的环境中更加愉快地生活。在霍华德的理想中,农业与工业结合,农村与城市结合,是最好的解决城乡发展问题的办法。

(2)沙里宁:有机疏散理论

沙里宁从整体上阐述和研究了城市膨胀之后所出现的一系列冲突和问题,进一步对城市发展及布局结构进行了深入研究。沙里宁在其著作《城市:它的发展、衰败和未来》中,充分而详尽地阐述了其对城市发展思维、社会经济发展状况、土地所有问题、法制问题、城市居民参与度问题、教育问题、城市规划问题等主张,在这一系列阐述的基础上沙里宁提出了有机疏散理论。沙里宁主张疏散过分集中的大型城市,将其中的各个部分用绿化带进行隔离,使城市分离成为较小的集镇。在这样的系统中,各部分之间是统一而又有所区别的关系。这就构成了一个城乡差距较小的城乡区域均质体。1918年,有机疏散理论在芬兰得以应用到实际之中,即后来著名的"大赫尔辛基方案"。

(3)岸根卓郎:"城乡融合设计"理论

日本学者岸根卓郎提出城乡融合设计,这一概念提出应该建立一个"与自然交融的社会",这一形式将会越过城市和农村的界限。在汲取总结前人经验的基础上,他强调不应该将城乡之间的规划与发展割裂开来,而应该把工农部门有机地结合起来,通过重组协调,建立"农工一体复合社会系统""自然—空间—人类系统",实现城市、农村与自然三者之间的立体规划模式。他主张,不应该让城市占领农村,不能使用建设城市的战略来建设农村、改造农村,并以此来达到城乡一体化的目标。在经济发展的过程中,人类一直以来都选择性地忽视农村对经济建设所能起到的作用,岸根卓郎希望人们可以真正意识到,"农村最主要的作用就是保全生态系统",及由此产生的一系列衍生作用,例如,土地的可持续使用、土地的保护、水资源的保护,以及诸多的经济功能等。

第三节　城乡一体化发展的理论创新

城乡关系始终是各国学者研究的热点问题,尤其是在第二次世界大战后发展经济学的兴起,使得发展中国家的城乡问题日益受到学者的关注,研究成果颇多。我国自改革开放后,经济社会快速发展,农村居民收入不断提高,生活水平显著改善,加之我国的城乡二元结构有其特殊性与复杂性,我国学者对城乡发展一体化问题的研究不断深入。

一、国外城乡发展一体化理论发展

（一）国外城乡发展一体化研究的三个阶段

通过对国外城乡关系理论的回顾,我们可以从中看出,从城乡发展一体化理论萌芽到对城乡融合发展的深入探索研究,国外城乡发展一体化理论研究发展历程可以总结为"由合到分再到合"的演变,因此我们可以将国外城乡发展一体化研究分为三个阶段,如表 2-1 所示:

表 2-1 国外城乡经济社会一体化理论研究的阶段划分

阶段	时间	主要特点	形成的主要观点
第一阶段	20 世纪 50 年代之前	城乡发展一体化理论萌芽	空想社会主义学说:以圣西门、傅立叶和欧文为代表;西方早期城市理论:以霍华德、芒福德·赖特为代表;城乡发展观:以马克思、恩格斯为代表
第二阶段	20 世纪 50 年代至 80 年代	二元经济结构下范式统治下的城乡分割	二元结构模型,乔根森模型,托达罗模型,增长极理论,核心–边缘理论,城市偏向理论
第三阶段	20 世纪 80 年代至今	城乡融合发展	选择性空间封闭理论,次级城市战略理论,城乡融合系统理论,城乡融合区模型,区域网络模型,城乡相互作用理论

(二)20世纪80年代以来国外城乡发展一体化理论发展

1.关于城乡发展一体化模式的理论研究，国外关于城乡发展一体化模式的研究，形成了两种著名的模型：城乡融合区模型和区域网络模型。

（1）城乡融合区模式

该理论来自麦基的结论。20世纪末期，亚洲范围内的大型城市周边，即城市与农村之间边缘地带部分，大批工农产业以错杂交织的状态出现。麦基对西方世界中大型城市形成的典型方式进行了更加深入的研究，并得出结论，"城市与乡村界限日渐模糊，农业活动与非农业活动紧密联系，城市用地与乡村用地相互混杂"，这种城乡关系已经成为一种新的城市模式，即城乡融合区模式。其分析了城乡联系是否紧密，城乡之间要素流动是否通畅与频繁，进一步研究了经济形势变动和社会发展阶段对区域内部各种状况的利与弊。他将研究重点转移出城乡差别，而转向于研究空间经济在城乡之间的相互作用及这种相互作用会如何影响融合区的经济行为和聚居形式。因此，他的最终结论与前几种理论主张有所区别，给城乡关系转变领域注入了新的研究视角和内容。麦基的城乡理论一经提出便受到学界的广泛关注，大批学者开始从新的角度去重新衡量和研究城乡之间的关系。

（2）区域网络模型

该模型由道格拉斯提出。道格拉斯研究总结了已存在的发展理论与规划，指出其中最典型的问题是割裂城乡之间的联系，并强调许多发展中国家内部的农村经济处于十分贫困的状态，最终他转换视角，根据以城乡相互依赖性，建立了区域网络发展模型。道格拉斯认为，联系城市和农村之间一系列关系的纽带是"流"，其中"流"主要包括五种不同的形式和状态，即人、生产、商品、资金和信息。这五种其中的每一种都包括多种内容，可以引起多种不同的效果，它们所反映出来的是空间联系模式及利益趋向特点。要想实现城市与农村之间的均衡发展，必须使得"流"可以将城乡之间的联系导向一种"良性循环"。据此，道格拉斯建立了区域网络模型："网络（Network）概念是基于许多聚落的集群（Clustering），每一个都有它自己的特征和地方化的内部关联，而不是努力为一个巨大的地区选定单个的大城市作为综合性中心。"这个模型认为只有大力改善居民的生活环境，尽快完善城市与农村的基础设施网络，才能进一步增进城乡之间的融合度。

2.关于城乡发展一体化实现路径的理论研究

国外关于城乡发展一体化实现路径的研究，形成了"自下而上"与"自上而下"两种观点。

（1）"选择性空间封闭"理论

该理论提倡"自下而上"的发展路径。两位学者研究城市与农村之间关系的切入点是空间区域，提出了"自下而上"模式，也可以叫作"选择性空间封闭"。两位学者的观点可以概括为，农村的发展目标应该定位于实现温饱，并从事一定的以劳动密集型为主的农业劳动，不需要将最先进的科学技术应用到农村和农业中。他们强调这种自下而上发展的前提是城乡之间以及农村地区的交通及通信网络等基础设施的完善，且这种发展模式应由下面来发起和控制,需要政府在政治上给予农村地区更高程度的经济自主权,能够自由调控价格体系,使之有利于农业生产,并积极主动发展外向型农村经济活动。

（2）"次级城市发展战略"理论

这是朗迪勒里提出的"自上而下"路径。朗迪勒里在看到城市偏向的"城市—工业"道路和农村偏向的"选择性空间道路"这两种截然不同的道路同样失败之后,提出了"次级城市发展战略"。他指出,政府的经济政策能否真正奏效,取决于城市的规模到底有多大,所以应该建立一个次级城市体系,使其能够承担在城市与农村之间支持经济活动和传递行政功能的作用。与此同时,他认为城市和农村之间的联系能够推动城乡经济均衡发展,强调发展中国家政府若是想实现社会与区域的双重发展,应该适当将资本分散,来建立起完整分散的次级城市体系,最终实现城市与农村之间的经济和行政联系,特别是"农村和小城市间的联系,较小城市和较大城市间的联系"。这种理论和我国一部分经济学家的观点比较一致,即在发展中国家里,小城镇的经济落后将会最终限制农村整体的经济发展。

实际上,朗迪勒里的理论是建立在大多数发展中国家缺乏次级城市系统的基础上,并据此提出他的所有政策建议和战略,他的理论是"增长极"理论与"选择性封闭空间"理论的折中。

3. 对中国城乡发展一体化的研究

不同地区之间差异使得外国直接投资（FDI）在中国分布的空间差异,最终导致了中国沿海和内陆地区的城市与农村之间发展状况的不同;樊胜根和张晓波等则认为,农村内部的基础设施大大影响了农村的整体发展状态,例如,促使大量农民进入城市脱离农村,加快了农村的城市化进程等;张晓波等主要研究了公共投资是如何引起中国农村地域之间发展的不平衡;丹尼斯·海尔则着重研究了中国乡村工业的发展模式及协调区域收入平衡的空间模式问题。

（三）国外城乡发展一体化理论总结

1. 研究特点

（1）研究视角多样,成果丰硕

国外没有"城乡发展一体化"这一明确概念,不过基于城市和农村经济均衡发展所牵扯的诸多因素,学者选择了各自较为信服的研究角度,衍生出了许多相关理论学派。这些学者之中,大部分致力于经济学、社会学、地理学、规划学、人口学研究领域,他们所选择的视角有的侧重于区域,有的侧重于城市,还有的侧重于农村,通过不同视角的研究来解释和规划城乡之间的均衡发展。其中不同的学者所采取的研究方法也各有不同,有的用理论进行抽象演绎,有的用数据进行实证研究,有的运用实践标准进行规范研究,有的选择多种方法相结合。从研究区域角度来看,这些理论大部分集中于发展中国家城乡理论与实践的研究,对于我国当前的城乡理论发展有重要理论与实践指导作用。

（2）研究重点是城乡差异研究

城乡差异是国外学者的研究聚焦点，他们更多地将眼光聚焦于经济较为落后的发展中国家，通过调查研究对其城市和农村之间的差距展开深入分析，例如，两者之间收入水平的差距、消费结构及水平的差距等。除此之外，他们还着重于深入研究经济发展水平较高的发达国家内部个人和家庭的行为差异。

（3）研究对象多为发展中国家

发展中国家城乡差距问题突出，二十世纪五六十年代之后大量城乡发展一体化的研究纷纷转向发展中国家，如东南亚、南美和非洲等地区。

（4）注重空间分析与社会因素影响相结合

最早关注城市和农村之间关系的一批学者是城市规划学者，因此注重空间分析成为城乡关系理论研究长期以来非常显著的一个特点。不过在关注空间分析的同时，要注意将其与社会因素相结合，尤其是对经济发展水平较低的发展中国家来说，在研究城乡关系时不要忽视政府在促进城乡关系发展方面所制定的相关政策。因此，一定程度上来说，城乡关系研究是离不开政府相关政策的一门理论。

2.研究不足

西方发达国家城乡理论遵循着一个更广泛的假设：平等和均衡发展将贯穿整个地域。而时代在进步过程中，发展背景逐步发生变化，一些理论势必要面临巨大挑战。目前来看，主要有以下几点不足：一是研究的对象集中在西方国家和第三世界国家，结论是否具有普遍性尚待验证；二是研究视角较为单一，基本是以整体、宏观的角度来展开研究和分析，缺乏从微观层面展开的具体实践分析和研究；三是前期研究大多将城市与农村分离开来进行，最近几十年以来，出现了将城乡二者联系起来进行系统研究的相关理论，不过这些理论尚处于概念与抽象阶段，缺乏大量实践数据来支持其理论。

二、国内城乡发展一体化理论研究发展

（一）改革开放以来城乡一体化的理论成果

1.对城乡关系的理论探索阶段

（1）改革是实现城乡互动的根本途径

城市和农村实现经济和社会发展的有效路径就是进行城乡改革。随着改革开放逐步有序地展开，要采取措施使城乡改革活动同时展开，最终实现国内城乡一体化协调发展的经济目标。在促进工业和商业发展的同时，要牢记中国农村中还有许多生活艰难的农民，城市搞得再漂亮，没有农村这一稳定的基础是不行的。如果农村不能稳定发展，那么我们国家的整个社会会受到影响。农业是国民经济的基础，只要农业上去了，其他事情就比较好办了。因此要让农村改革先行，提升农业生产力，把农村劳动力从土地上面解放出来，只有这样才能为城市改革提供良好的条件和基础，才能真正实现城乡关系的改善。

我国积极推行城乡改革计划,希望通过改革缩小城市与农村之间的收入差距,消除阻碍城乡之间实现交流与沟通的障碍,增加城市与农村之间的互动,这一举措的重大意义在于为中国未来五十年的发展打下了牢固的根基。建立能够促进城市与农村之间的商品、资源自由流通的市场经济体制,消除城市与农村之间因为户籍问题而产生的隔离状态,使城市和农村在医疗、卫生、教育等方面能够享受同等水平的资源,最终保证城乡一体化发展的目标能够顺利实现。

(2)农业是根本,"三农"问题稳定是城乡互动的前提

允许一部分地区、一部分人先富起来,先富带动后富,实现共同富裕,这阐述了社会主义最终目标——共同富裕的实现手段和过程。这一指导思想应用在城乡改革的问题上,就是可以让城市首先快速发展起来,并且准备好应对发展所带来的短暂区域不平衡的现象。当城市经济发展到预定水平之后,让兼具经济实力与活力的城市经济带动相对迟缓的农村经济,从而达到最终城乡一体化,实现共同富裕的社会主义最终目标。所以,政府应该制定政策协调城乡关系,使城市经济与农村经济之间实现顺畅连通,加强城市与乡村之间的发展互动,使得城乡之间的发展差距越来越小,同时逐步取消户籍政策、就业机会和社会保障等方面对农村和农民的限制。

(3)城乡互动的核心是工业农业相互扶持

我国一直很重视"三农"问题,将目光聚焦在农业问题上,着重强调农业的发展是农村社会形势稳定的根基和前提,任何时候都不应该放松对农业的支持和扶持力度,要"确立以农业为基础、为农业服务的思想"。将农村问题视为关系国家稳定的重大问题,是关于城乡关系理论中非常重要的观点,体现在对待城乡冲突和矛盾的措施和方法上。我国重视农业,提出工业要为农业发展提供适当的支持和援助,以加快农业实现现代化的步伐和进程。在这一方面,乡镇企业发挥着举足轻重的作用。

(4)乡镇企业是实现城乡互动的重要桥梁

我国在实践中认识到了乡镇企业的发展趋势和潜力,指出应该支持和刺激乡镇企业的发展,支持小城镇发展,以小城镇为载体和途径加快我国农村的现代化步伐和进程,并强调这样可以增进城乡之间的互动,并且有利于缩小城市与农村之间的差距。逐步提升乡镇企业的农业生产率和生产效益,可以推动农业现代化的发展,使乡镇企业搭建起连接城市与乡村的途径,为了尽早实现城乡一体化协调发展贡献出自己的力量。

2. 城乡协调发展的理论

(1)城乡协调发展加强农业的基础地位

1992年10月国家提出继续大力发展乡镇企业,特别要扶持和加快中西部地区和少数民族地区乡镇企业的发展。改革开放逐步深入,农业发展步伐加快,然而其发展程度与城市依旧存在着巨大差距,例如,在教育、医疗和文化等领域,农村的发展状况依旧落后于城市。计划指出,要根据我国的特殊形式及发展特色制定适合我国发展的城乡一体化道路,最终要

实现全国范围内大中小城市均衡发展的目标。

（2）城乡发展要改革国有大中型企业，发展城市工业

城市要想实现发展就离不开工业的带头作用，在我国工业的发展过程中国有大中型企业发挥着不可替代的基础作用。要改进城乡关系，实现城市与农村之间的协调平衡发展，就需要改变当下国有企业的经营理念和发展方式，在推进城市工业大步跃进的同时，带动农村经济实现腾飞。搞好国有企业特别是国有大中型企业，既是关系到整个国民经济发展的重大经济问题，也是关系到社会主义制度命运的重大政治问题。卓有成效地实施国有企业改革，可以在一定程度上为我国农村经济改革提供借鉴，并起到一定的示范作用，同时又可以推动我国整体经济快速向前发展，力求达到城乡协调平衡发展的奋斗目标。

（3）城乡协调发展需要工农业的互相支援

经过研究强调，经济发展一直跨越某条水平线之后，就会转而去扶持和刺激农业部门的发展。改革开放使得我国经济实现了走上快速发展的道路，国家经济实现了跨越式发展，人们生活水平得到提升，城乡经济均取得了较大的发展。20世纪90年代之后，我国经济迎来了新的发展阶段。市场经济逐步开放，二元体制大大遏制住了农村经济的发展，与城市经济发展速度相比农村经济的发展速度要迟缓得多，农民收入较低等问题成为横亘在城乡之间的严峻问题，引起了相关人士的关注。高度重视城乡之间发展差距这一问题，为了改善当前发展模式，实现城乡一体化发展，领导集体提出了"城乡互动"思想，主张城市在发展经济时带动周边农村地区的经济发展，在统筹城乡经济社会发展过程中努力实现城乡经济的良性互动。

进入21世纪，我国经济的发展速度越来越快，城市与农村之间的差距也在迅速加大，城乡之间爆发出的各种矛盾和冲突越来越多，"三农"问题成为摆在领导集体面前亟待解决的严峻问题。

为了妥善解决当前的城乡关系面临的问题，党的十六大将实现城乡统筹发展提上了战略日程。统筹城乡发展战略的制定是基于我国当时的社会和经济发展状况，是考虑和衡量了我国所处的国际大环境、总结和研究了我国城市和农村经济发展的具体状况及特征所做出的，是与时代发展相契合的发展战略。统筹城乡经济社会发展战略的提出和开展，使得城市和农村逐渐融合的趋势更加显著，为我国实现城乡一体化发展提供了强有力的理论基础和支持。

（4）走中国特色的城镇化道路是城乡一体化的战略

要逐步提高城镇化水平，坚持大中小城市和小城镇协调发展走中国特色的城镇化道路。我国存在许多农村剩余劳动力，为了切实推进现代化，加快实施城乡统筹发展规划的步伐，需要采取措施推进农村城镇化，实现农民身份尽快转变为城市市民。因为我国的特殊国情，仅仅依靠大中城市的发展是无法实现共同富裕的目标的，我们还必须考虑占总人口较大比例的农村人口的发展。要致力于发展小城镇，将其纳入整体的发展战略之内，将目光投向小城镇的发展和建设。

3.关于城乡一体化的理论成果

（1）以"五个统筹"为原则实现城乡协调发展

强调了完善政府体制和市场机制，以促进城市和农村之间二元结构的协调发展，使得城市与农村之间的发展差距逐渐缩小，让农民享受到完善的社会保障，加快促进城乡之间的人才融合和市场融合，使城乡建设能够做到平衡发展。到这一阶段，城乡一体化的战略思想和工作思路逐步明晰。2007年国家提出了要构建城乡经济社会发展一体化新格局，为我国经济发展树立了明确的方向和目标。概括和总结了改革开放之后我国在实践和推行统筹城乡发展相关理论过程中所取得的重大理论成果，并为城乡经济的未来发展指明了方向。

（2）推进城乡一体化发展

实现农民收入的提高不是轻而易举就能做到的事，随着经济发展步伐的加快，当今城市与农村之间的居民收入出现越来越大的差距，这是深层次的城乡二元结构体制所造成的问题，这时要继续深入推进农村改革，提高农民的平均收入水平，制定和实施支持农业发展的相关政策与措施，最大限度地提高农民群体的收入水平，使得城市与农村之间的收入差距逐渐缩小。"三农"问题依然是我国实现工业化和城镇化所需要解决的重要问题，是不容忽视而且需要长期关注的历史问题。

（3）"两个趋势"的判断指导城乡统筹发展

纵观一些工业化国家的发展历程，在工业化初始阶段，农业支持工业，为工业提供积累是带有普遍性的趋向。但在工业化达到相当程度以后，工业反哺农业、城市支持农村，实现工业与农业、城市与农村协调发展，也是带有普遍性的趋向。

（4）以新农村建设、城镇化发展推进城乡经济社会发展一体化

我国目前面临着打破城乡二元结构、促进城乡经济社会一体化发展的艰巨任务，这一任务的完成关系着社会的稳定和我国整体经济的发展状况，政府要不遗余力地推进实施城乡社会经济一体化发展。在这一理论指导下，全国各地均加快了推进城市与农村统筹发展的步伐，展开了实现城乡经济一体化的实践。

（二）国内城乡发展一体化理论总结

回顾中国城乡发展一体化研究历程，总结其成就与不足，对于推动城乡发展一体化的未来研究具有十分重要的意义。

1.研究成就

（1）理论不断丰富、巩固和提高

学术界对传统城乡关系理论，特别是以社会主义政治经济学为理论基础的"超工业化"理论，该理论的代表人物为普列奥布拉任斯基，以布哈林为代表"协调发展"理论等都针对此问题展开了大量深层次的研究和探讨，明确了城乡关系本质及现状，丰富城乡关系相关的理论。城市与农村改革，还有目前正在蓬勃开展的统筹城乡改革，皆是以城乡关系理论为依据，立足当下城乡发展现状来对我国城市和农村之间的关系进行协调。随着改革开放的不断深

入,大量西方的城乡关系理论被国内引入,并展开研究,国内城乡发展一体化发展得越来越深入、越来越完善。

（2）中国化特征初步彰显

中国化特征是指不再单纯吸收和模仿西方传统理论,而是把中国的社会文化背景考虑在内,一步步融入研究过程中,以综合创新的方式形成稳定的、具有中国特色的学术思想和研究模式,以此来考察国内城乡发展一体化的研究历程。中国化特征在国内学者的研究中越来越明显:一是"城乡发展一体化"概念本身就彰显着中国传统文化中的"中和"思想,代表着中国人民想构建和谐社会的朴实愿望。二是确立符合中国实际的研究角度和价值立场,以此来彰显中国化特征。中国学者黄平指出,我们对中国城乡问题的观察和研究"应该是多维度、多取向、多重的,不应该是一维的"。三是近几年来理论界不断全面总结中国城乡建设的经验,充分考虑中国城乡发展的背景与现状,吸取西方的经验教训,理论研究的中国化趋势逐渐凸显。

2. 研究不足

第一,从研究阶段来看,城乡发展一体化的研究还不够深入,无法探究到该理论领域的内涵和本质,不能做到系统地、全面地看待城乡一体化关系的研究。20世纪90年代中后期至今,城乡发展一体化研究逐渐深入,该领域内的学者开始试着去探索更深入、更全面的城乡关系研究,并且得出了一些结论,然而该领域的相关理论仍然未达到系统和成熟的水平。随着城乡统筹改革的深入推进,城乡发展一体化开始出现明显的区域特征和动态特征,不同区域的发展模式、动力、机制和战略等皆表现出不同的形成和发展势头,城乡发展一体化变得较之前更加复杂,在这种情况下相关理论的局限性就逐渐显露出来。因此,我国城乡发展一体化的相关理论还有待继续深入研究和发展。

第二,从研究内容上来看,我国各地区之间在经济和社会发展状况上存在着较大差异,而正是基于这种差异性,政府需要制定出正确的城乡发展一体化战略,从而确定未来的城乡发展方向。不过,关于新时代城市和农村之间所存在的区域性差异分析与研究,在相关领域内尚缺少较为系统的理论与观点。纵观目前我国已经出版的城乡发展一体化相关理论的书籍,其中占据较大比例的内容是对政府政策的多方面解读,而从区域差异入手展开详细论述的相关内容则相对较少,这是目前较为常见的现象。归根结底,要实现城市和农村的经济一体化就不能忽视其所处的区域背景,不管是对目标的分析,还是对实现条件的研究,都要以其周围的发展环境为研究背景,否则该研究结果就难以摆脱局限性和主观性。

第四节　国外城乡一体化发展的经验与启示

一、日本的城乡关系发展

1868 年明治维新之后，日本开启了工业化与城市化进程。明治维新以来，日本的城乡发展大致经历了以下四个阶段。

（一）第一阶段：工业化与城市化的准备阶段

在这一阶段，日本政府颁布了一系列促进农业发展的措施，并通过征收高额农业税来为工业发展积累资本。与此同时，政府大力推进基础设施建设，进而为工业化与城市化准备了必要条件。

（二）第二阶段：工业化与城市化的初始阶段

在这一阶段，日本的工业化发展相对而言比较迅速，逐渐形成了京滨工业带、中京工业带、阪神工业带和北九州工业带。1940 年，日本的城市化率已经达到了 37.7%。

（三）第三阶段：工业化与城市化的快速发展阶段

在这一阶段之中，以朝鲜战争爆发为契机，作为欧美国家的战略物资基地，日本经济得到了较快的复苏，工业化水平大幅度提高，城市化速度得到了迅速的发展，人口向东京、阪神和中京三大都市圈集中。

（四）第四阶段：工业化和城市化的成熟、完善阶段

受到 20 世纪 70 年代国际经济危机的冲击，日本经济的发展速度开始放缓。在这一阶段，日本进入后工业化阶段，第三产业占国内生产总值的比重不断提高。由于大城市人口已基本饱和，日本人口开始向中小城镇甚至农村迁移，城乡经济社会逐渐融合。

日本城乡发展的特征主要有二点。

第一，政府在工业化和城市化过程中发挥了重要作用，最终形成了高度集中的城市化模式。日本政府通过多种措施引导工业与城市的发展，形成了东京、大阪、名古屋等大都市。

第二，工业化、城市化与农业现代化同步推进。农业发展为日本的工业化与城市化创造了前提条件；日本的轻、重工业发展结构较为平衡，轻工业提供了大量的工作岗位，重工业则为整个国民经济的发展提供了先进的技术设备，这都推动了城乡经济的迅速发展。

在城市化中后期，日本的农村与农业发展较为缓慢，经过研究，从制度上进行了改革，制定了大批法律政策，积极促进农村经济发展，发布了《过疏地区活跃法特别措施法》《山区振兴法》《半岛振兴法》等政策，并从资金方面加大对农村的倾斜力度，改善了农村经济的发展环境，进而协调了城乡经济社会的共同发展。

二、国外城乡一体化的经验与启示

（一）注重农村居民与城市居民的融合

国外城乡关系的演进历程表明，农村居民与城市居民之间的融合与和谐，是城乡发展尤其是城市治理过程中的一个重要问题。农村居民与城市居民之间要想真正实现融合，就必须具备以下三个条件：一是农村居民要完成生活空间从乡村到城市、社会身份从农民到市民的转变，必须在生活方式、观念以及心理上作出必要调整。二是城市居民必须在日常生活中容纳农村居民，给农村居民应有的理解和尊重。三是政府要为农村居民提供与城市居民均等的公共服务，给予农村居民参加公共事务管理的权利。农村居民与城市居民的融合，是一个较为长期的过程。但是如果农村居民与城市居民不能实现真正的融合，那么将付出巨大的社会成本。中华人民共和国成立以来，长期实行城乡分割的经济社会政策，导致我国城乡居民之间存在一定程度上的差异，农民工市民化、失地农民市民化困难重重。鉴于此，我国必须要高度重视农村居民与城市居民之间的融合与和谐，加快实现二者在就业、公共服务、生活方式等方面的一体化。

（二）注重发挥工业化、城市化与农业现代化的相互促进作用

国外城乡关系发展实践表明，工业化、城市化与农业现代化三者之间是一种相互促进的关系。

美国由于经济发展，西部土地的大范围开拓，使农业发展也较为迅速，能满足不断增长的城镇居民的农产品需求，由于现代化技术的改进，节约了大量劳动力，为农村剩余劳动力向城市转移创造了条件，形成了农民向城市转移的推力。在这种推力与拉力协同作用之下，美国农村人口源源不断地流入城市，最终实现了城乡经济社会的协调发展。

我国是传统农业大国，中华人民共和国成立后，工业化得到快速推进，尤其是改革开放以来，城市化也在高速进展，但传统农业由于各种原因却难以得到长足发展，这不仅形成了日趋严重的"三农"问题，也反过来会影响工业化、城市化的健康发展。因此，我国必须高度重视农业发展问题，加速实现由传统农业到现代农业的根本转变。

（三）注重政府与市场在推进城乡发展中的职能分工

国外城乡关系演进实践充分表明，政府与市场在推动城乡之间关系演进过程中发挥着不同的作用。

借鉴国外城乡关系演进实践，要推进我国的城乡发展一体化进程，必须在充分尊重市场规则的前提下，积极发挥政府在保障城乡协调发展中的重要作用：一是制定科学的开发战略与区域发展规划，加快推进城市化进程；二是加快破除户籍分割制度，推进农民工市民化，实现劳动力在城乡之间的自由流动；三是加快农村地区的发展，建立健全完善的农村社会保障体系，实现城乡基本公共服务均等化。

（四）注重城乡四个领域的公共服务均等化

发达国家的城乡关系发展历程充分表明,在工业革命兴起之后,在工业化和城市化的早期阶段,生产要素迅速向城市集中,城乡之间在收入、公共服务等方面的差距不断扩大。

在我国城乡二元社会结构下,户籍制度把城乡居民身份割裂,公共服务供给体制在农村与城市之间有着差异,城市的公共服务不断改善提升,基本得到有效供给,但农村公共服务供给不足,城乡人口在享受教育、医疗、就业、社会保障等公共服务方面存在着一定差异,这影响了农村居民消费水平、生活方式和生活理念的提升。

因此,要想推进城乡一体化,我国必须加快推进关于城乡基本公共服务均等化、公平化,让城市与乡村享受到基本均等的教育资源、医疗条件、就业岗位、社会保障等公共产品,最大限度上实现城乡之间的融合与和谐。

第 二 章 城镇发展研究

我国城市建设在不断加快,城镇化建设是当前经济建设的重要项目,也是农村发展的未来趋势之一。基于此本章对城镇发展研究展开讲述。

第一节 高速轨道交通影响下区域城镇体系演变分析

一、概述

随着我国新型城镇化的推进,区域范围城镇体系统筹已成为协调区域空间,提升地区活力的重要策略。围绕国家中心城市(北京、上海、广州、重庆)和区域中心城市(包括武汉、郑州、西安、沈阳等)建立的城镇群吸纳了大量的人口和产业要素,成为支撑我国国土空间开发的重要载体。

与此同时,我国的运输体系也在经历重大的革新,高速交通方式以前所未有的态势改变着国民社会经济活动的组织模式和构成结构。尤其突出的高速轨道交通系统,从无到有仅仅只是历经十余年,其技术水平与建设规模遥遥领先于其他国家和地区。

在这种城镇体系结构与运输组织方式快速变革的背景下,探索城镇与典型交通方式相互影响,寻找发展演变规律,对于把握趋势、实现区域规划与城市规划的有效衔接,具有强烈的现实意义。

二、高速轨道带来的新变化

高速轨道是我国构建的面向 21 世纪陆路先进交通运输系统的组成部分,拥有高速度、大容量、绿色低碳以及服务品质出众等典型特征,而城镇间的联系关系也因它的出现而发生改变。

1. 城际出行的时空特征发生改变

"走得更快"是高速轨道系统的突出优势。相比包含高速公路、一般公路在内的道路交通系统和普通铁路系统,高速铁路 300~350km/h 的目标速度和城际轨道 160km/h 以上的运行效率带来明显的节约时间效应。在城际间空间距离不变的情况下,城际出行的时间可大幅压缩 40%~60%,出行速度的提升最终反应为联系距离的拉近,区域范围内更大尺度的活动在现有时间约束条件不用改变的情况下成为可能。

高速轨道带来的时空特征转变，在联系城镇之间搭建"时空隧道"或者"时空窗口"，通过特定时段、特定地点的切换，城际间 300~500km 的公务、商务活动可实现朝发夕至，50~100km 左右的通勤活动成为现实。如在法国，巴黎与里昂两座城市通过 TGV 高速轨道系统将 407km 的空间距离转变为 115 分钟的时间距离，能够有效满足当日往返商务的需求。

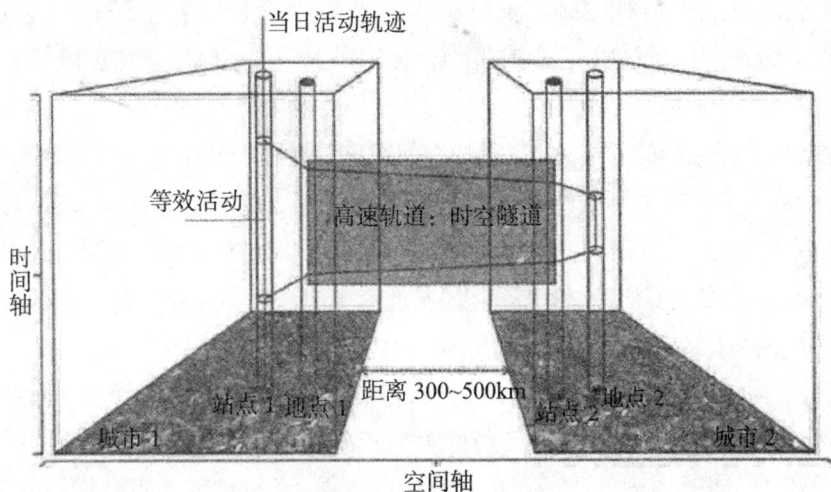

图 1 高速轨道带来城际时空特征转变

2. 城际交通的联系质量获得提升

"连得更紧"是高速轨道系统为城镇间联系带来的另一重大改变。作为大运量公共交通系统，高速轨道日运送能力达数十万人次，年输送能力达上亿人次，可以有效满足沿线城市的充沛需求；另一方面，通过提供可靠准点、高密度的班次服务，高速轨道将城际联系的便捷性提升到与城市内部联系同一水准的层面，契合随到随走的现代工作、生活要求；此外，高速轨道运营过程中的零碳排放和集约高效的能源利用效率（其人均移动单位能耗仅为小汽车或者飞机的 1/5）赋予高速轨道绿色交通的特质，能够极大减轻城际出行的环境成本。

与其他城际运输方式相比，高速轨道可以深入到城镇内部，通过在繁华地区设站，直接促进城镇核心与核心间的沟通与联系，缩减出行的末端距离，从而提高活动效率。例如，构建中的广深港高速铁路，香港的车站位于其市中心西九龙地区，而毗邻城市深圳的车站也坐落在福田 CBD 等。

三、城镇功能组织的新要求

接受高速轨道服务的区域往往呈现出新的流通环境和流通价值，在此基础上，高速轨道改变的要素配置条件为区域范围内城镇功能的协调组织提供了新的契机和动力。

1. 区域协调的对象趋于增多

依托高速轨道交通系统的高速度与高效率服务，区域城镇的有效联系范围将会明显扩大,区域活动的协同对象显著增多。通过观察高速轨道开通前后沿线城镇的关系特征,可以发现这些城镇的通勤圈和商务圈等在地理空间分布上将会发生明显变化。而这种核心活力的延伸与辐射范围的扩大要求城镇在考虑生产、生活组织的时候不再仅局限于原有周边的"小众对象"而需要协调区域更多的"大众参与者",中部地区中心城市武汉,在城市圈的构建过程中,依托京广高铁、沪汉蓉快速铁路以及多条地区性城际轨道,发掘自身地缘优势,拓展腹地辐射范围,推进与黄石、鄂州、黄冈、孝感、咸宁、仙桃、天门、潜江等周边城市以及长沙、合肥、郑州、南昌等区域性中心城市的融合,显现出了中部地区的首位价值和引领作用。

2.区域城镇的功能趋于互补

在高速轨道交通主导的联系中,原有的空间距离差异趋于缩小。对区域内部城镇而言,中间城镇受中心城市的辐射影响趋同,如京广高铁开通后,信阳、驻马店等城镇,与武汉联系还是与郑州联系在出行时间上不再存在明显差别;而对区域外部城镇而言,远端城镇的可达性趋于一致,京沪高铁开通后,北京至上海与北京至南京将不复存在过去那种长达四五个小时之久的显著差异。

时空尺度的缩小则推动区域功能一体化的要求,城镇职能不再像过去一样只进行简单重叠,差异化分工成为确保城镇存在价值的关键。在高速公路时代兴起的美国东北海岸地区,围绕中心城市,形成功能各异、角色互补的枢纽,中小城镇成为枢纽核心职能的补充,面对高速轨道的发展,这种区域范围的功能竞合效应将比前者影响更为广阔,层面也更为深远。

3.区域产业的链条趋于协同

在高速轨道交通的牵引下,沿线城镇在生产与生活组织上存在着空间延伸和相互合作的机遇,集聚效应驱使要素顺着高速轨道廊道分布,形成一些关联紧密的区域产业协作链条。日本新干线开通后,在联系京滨、中京、阪神、北九州等既有发达地区的同时,推动静冈、冈山、广岛等新兴工业区建立,而且根据协作生产要求,逐步淘汰沿线钢铁、石化等传统产业的过剩产能,取而代之的是与主导产业发展方向相契合的金融、商贸、物流等生产性服务业,最终形成以汽车、机电、家用电器和集成电路生产为主导的"环太平洋先进制造业产业带"。

四、区域城镇体系的重塑造

功能组织的内在改变终将反映为空间形态的外在重构,高速轨道交通在撬动区域生产、生活功能重组织的同时,必然会开启区域城镇体系的重塑造进程。

1.整体城镇格局出现调整

城镇格局的变化实为要素空间配置的变化,根据高速轨道的服务特性,受到高速轨道交通影响而发生改变的区域城镇格局体现为"由点及线,由线及面"的过程。

点的层面,高速轨道通过设置站点与城市产生联系。而站点位置的选择大多出于两类考虑:一类是位于活力充沛、迫切需求联系的成熟地区,以发挥对既有社会、经济活动和组织的支撑作用；另一类是位于相对欠发达地区，但是未来发展潜力巨大，以发挥出路径引导的作用。布局影响方面，高速轨道站点之于城市则如同触媒，强调时效性的商业、商贸和突出舒适性的休闲、旅游等产业通常会贴近布局，这种城市功能组团的调整往往会改变城市空间结构，承载着新城、新区、新开发点的高速轨道站点也往往成为城镇发展的新动力，京沪高铁开通后，从北京南站到上海虹桥的沿线24个站点无一例外成为所在城市的新兴希望。

线的层面，当轨道站点被轨道线路串联起来后，高速轨道蕴含的轴带价值如同珍珠链般在区域城镇体系的构建中得以体现。"参与"是"合作"的前提，在高速轨道联系下，沿线城镇参与区域的广泛分工，继而形成功能互补和产业协同的发展趋势，推动轴带的生产效率和生活品质提升。从巴黎到里昂、从东京到大阪，这种高速轨道联系下的"点-轴"模式已成为区域城镇体系构建的经典。

面的层面，随着高速轨道网络进一步完善，轴带联系的城镇群体进入网络组织的阶段，"交错通道"与"多样链接"让城镇的相互功能组合具备多重可能。不同要素依据自身发展需求选择不同的联系轴带。在网络组织的时代，城镇间的空间联系复杂而有序、高效而耦合，区域整体向着一体化格局转变，城镇群体也形成网络化的等级结构，连绵尺度和规模远超高速公路时代的巨型城镇联合体系有望形成。

2. 中心城市集聚力得以增强

高速轨道之于不同类型城市的作用也是不一样的，对于区域中心城市而言，推动扩大规模效应是高速轨道运输组织的核心任务。中心城市在原有条件下已具备特定范围内的吸引力，高速轨道的出现则进一步导致影响的范围不断扩大，而这种可达性的提升往往吸引更多、更丰富的要素在此集聚。通过合理的分工与组织，中心城市的枢纽组织功能有望获得提升，优势产业竞争力进一步放大，规模集聚成本得以降低，区域范围的中心地地位得到充分巩固。

日本首都东京，凭借发达的高速轨道运输网络，通过东海道新干线与东北新干线等将大阪、名古屋、横滨等其他核心城市圈联系一体，使自身的辐射区域由传统关东地区拓展至本州东部海岸，并吸引日本56.6%的中等规模以上企业总部进驻和50%的金融流通总额，奠定其作为亚洲经济中心和全球中心城市的声望。

3. 中小城镇融入力获得改善

与中心城市不一致，高速轨道给沿线中小城镇带来的改变更为巨大，乃至呈现出颠覆性。随着集聚要素在中心城市及其周边地区积累，其他要素的分布条件也产生差异，部分非规模集聚或者过饱和集聚的产业逐渐迁出中心城市，中小型城镇凭借自身优势价值的挖掘和可达性服务的完善，更为顺畅地融入区域合作的大环境，为承接相关产业的外溢转移提供条件。通过在不同方位与不同层级和中心城市进行功能对接，区域范围可以构建出完善的产业协作链条，形成"组团城市"以及"中心城市＋卫星城镇"的空间格局。

法国里尔，抓住欧洲高速铁路的兴建契机，依托法国高铁北方线和英吉利海峡隧道线，多方融入中心城市的辐射圈,如巴黎、伦敦、布鲁塞尔等,并积极发挥纽带联系作用,推动自身完成由传统工业到信息产业及服务业的功能重构,实现由"法国的里尔"到"欧洲的里尔"的成功转型。

4.非沿线城镇出现边缘化风险

考虑事物的发展总存在两面性,高速轨道为沿线城镇发展创造机遇的同时,另一方面也给非沿线城镇带来边缘化的风险。那些脱离高速轨道服务的"孤立城镇",往往由于区域范围内可达性差异的拉大,导致自身区位价值的降低,这些改变最终促成城镇竞争力的削弱。与那些幸运的高速轨道沿线城镇相比,非沿线城镇存在相对微小的距离差异,却面临着难以逾越的发展鸿沟,大部分会游离在区域协作的体系之外,缺乏推动发展的正能量,衰落也不可避免。

如同国省道时代到高速公路时代的转变过程中,大批中小城市丧失原有发展机遇与发展地位,"兴起中的衰落"也是高速轨道交通重构区域城镇体系过程中难以避免的现实,更是要素自然选择的必然结果。但是与之伴随的区域发展失衡问题以及社会资源配置的公平问题则是发展过程中需要予以正视并加以解决的。

第二节　理论、机制、模式"三个创新"相结合推进城市群建设

一、成功城市群呈现五大特征

城市群是在城镇化过程中,在特定地理空间上,以交通信息、基础设施和市场交易的高效区域网络为纽带,以一个或几个超大或特大城市作为核心,是由若干个密集分布的、不同等级的城市及其腹地,通过空间规模集聚和分工协同等相互作用而形成的城市—区域系统。城市群是城市化发展的高级阶段,是国家经济要素的精华所在,是参与全球化竞争合作的最高端平台。

从成功的世界级城市群发展来看,城市群主要呈现五大特征:一是人口、资本、产业等经济要素高度集聚,人口规模在2000万以上,成为国家经济贡献的主体。二是呈现显著的产业分工协同特征,首先是城市群之间产业分工明确,鼎足而立、相得益彰,如美国以纽约、芝加哥和洛杉矶为中心的三大城市群;其次在城市群内部表现为中心城市以高端生产性服务业和高端制造业为主体,其他中小城市则是以差异化、专业化的服务业及制造业为主,形成优势互补、联系紧密的产业分工协作体系。三是空间发展的阶段特征,经历了由"城市"发展到"都市区",再由"都市区"发展到"城市群"的逐步演进。四是交通网络是城市群发展成

功与否的关键,对外交通方面形成发达的国际航运体系,表现为世界级空港,海港乃至空、海双港枢纽,世界级城市群则形成城际、市郊铁路为主体的城际网络,构建了1000~2000km左右的市郊铁路以支撑50~70km的通勤圈出行,如东京市郊铁路日均客运量接近3000万人次。五是发展协同机制,以高效的市场经济体制作保障,通过自下而上的深化调整,最终实现区域环境保护、生产要素均衡布局,交通网络和基础设施共商共建共享。

从城市群发展规律来看,应该使市场在城市群发展过程中对资源配置起决定性作用,而政府要发挥规划、引导和"守夜人"的作用。城市群是一个自然历史过程,是经济社会发展到一定阶段的必然结果。推进城市群发展必须要从国情出发,遵循规律、因势利导,使城市群成为一个顺势而为、水到渠成的发展过程。

二、我国城市群受"自上而下"的城市治理体制等制约

我国已经逐渐形成以长三角、珠三角、京津冀为代表的三大城市群,作为中心城市的香港、上海、北京已经在世界城市体系中位列世界城市第三、第六和第八位。但与成功的世界级城市群相比,我国城市群还存在一系列突出问题:一是中心城市功能过度聚集、交通拥堵、环境污染等一系列"大城市病"日益严峻,尚未形成与周边中小城市合理分工、功能互补、协同发展的城市群产业体系;二是经济效率不高,我国主要城市群经济体占比与成功的世界级城市群相比差距巨大,城市群内部产业结构呈现出低水平的同质化、效益低下等特征;三是用地结构和利用效率有待提升,"以居住和商业用地的高地价对冲工业用地的低地价"的"土地城镇化"模式客观上加剧了城市扩张;四是城际交通网络滞后于城市群发展需求,城际交通尤其是市郊铁路发展严重滞后;五是城市群发展协同机制落后,"一亩三分地"思维定式乃至"以邻为壑"体制困境亟待突破。

上述一系列问题的根源在于:一是"自上而下"的城市治理体制与计划经济思维模式的机制结合,在资源、资金、政策等方面向中心城市集中,难以发挥出市场在资源配置中的决定性作用,在生产要素配置、产业发展、基础设施建设等方面行政干预作用过大;二是"西方工业文明"的城镇化理论与"土地财政"经济体制的利益结合,以西方工业文明时期的土木工程专业为主体的空间规划理论,善于解决"土地"而非"人"的城镇化,与目前以土地财政为主的城镇化推进模式有着高度利益契合,对于如何发展城市群产业体系存在天然的知识缺陷;三是重大项目空间安排的科学缺失与行政壁垒体制的发展结合,违背了"制造业向成本洼地、生产性服务业向要素高地"空间集聚的产业市场经济规律的现象时有发生,在城市群发展中产业布局、城镇空间、综合交通等基础设施建设等方面存在诸多不同步之处。

三、城市群推进路径关键在于发展世界级城市群产业体系

城市群推进的关键在于基于市场经济发展规律,发展具备全球竞争力的世界级城市群产业体系。这需要积极开展新型城镇化城市群的发展规划理论创新、利益共享机制创新和

协同合作模式创新。主要应从如下方面着手。

第一，敢于开展城市群发展规划的理论创新。"有什么样的理论作指导，将决定走什么样的城镇化道路"，应该立足于全球化的国际视野剖析产业链条全球组织、空间集聚等基本市场经济规律，将市场在资源配置中起决定性作用和政府发挥更好引导作用的双优势结合，建立城市群产业转型转移与综合交通网络构建、重大项目建设等之间关联机制的新理论；打破行业管理和行政管理壁垒，建立城市群空间、产业和交通三者高度协同、交互融洽的新理论方法和发展规划体系。城市群的发展规划应加强顶层设计，明确城市群内各城市功能定位、产业分工、城市布局、设施配套等重大环节。

第二，善于探索城市群发展利益共享的机制创新。利益共享要通过高效协同的产业体系实现，建立有利于城市群产业体系发展的市场经济新机制，通过以城市群发展为重要载体，以优化区域分工和产业布局为重点，以资源要素空间统筹为主线，以"全球、国家、区域"三结合的视野理顺产业发展链条，发挥出不同城市资源禀赋和区位优势，形成城市间产业合理分布和上下游联动机制，通过分工协作实现错位发展，形成辐射作用大、竞争力强的城市群一体化产业链。

第三，勇于建立协同合作的模式创新。按照"目标同向、措施一体、作用互补、利益相连"的原则进行分工合作，坚持优势互补、互利共赢，协同推进"基础设施相连相通、资源要素对接对流、公共服务共建共享、生态环境联防联控"，从产业、基础设施、生态环境治理、政策协调等方面建立城市群一体化推进实施机制。有规划专家提出了应结合首都新机场建设，发展京津冀城市群"首都特区"，这就是一种协同合作的新模式。

第四，优先构建城市群综合交通网络。应该全力提升主要城市群国际航运体系中"空、海双港"的竞争力，适应经济全球化新趋势，抓住产业全球重新布局的重要机遇，促进生产要素国内外高效、有序流动；通过适度超前建设城际层次的综合交通体系来引导城市群发展，支撑中心城市对城市群的带动引导，促进区域的合作与分工，加快大中小城市"同城化"。

"惟仁者为能以大事小，惟智者为能以小事大。"作为城市群的中心城市，应该以全球视野、国家责任的大格局去主动迎接全球化产业体系发展大变局和新挑战，周边中小城市以科学把握产业发展、以市场经济规律的大智慧去寻求与中心城市间错位、协同的发展机会，才是我国城市群发展走向全球竞争力的战略路径。

第三节 新型城镇化背景下"一带一路"倡议 与港口转型升级发展之路

一、解读:"一带一路"倡议、经济全球化与国家新型城镇化

自改革开放以来,中国港口实现了跨越式发展,在长江三角洲、珠江三角洲、环渤海湾、东南沿海、西南沿海五大区域形成了规模庞大并相对集中的港口群。全国港口吞吐量以年均 16.5% 的速度快速增长,港口货物吞吐量、集装箱吞吐量保持世界首位。"一带一路"倡议、经济全球化与国家新型城镇化为我国港口转型升级带来新的历史发展机遇。

1. "一带一路"倡议加快融入经济全球化步伐

(1)"一带一路"倡议助推沿海内陆双向开放

"一带一路"倡议包括"丝绸之路经济带"和"21 世纪海上丝绸之路"建设,既要提升东部开放水平,又要加快西向开放步伐,加强互联互通,构建内陆、沿边、沿海地区全面开放格局。"一带一路"倡议是中国参与经济全球化发展与区域经济一体化发展的必然选择,为我国港口转型升级发展提供极其难得的历史机遇。在全球视野下,推进区域经济一体化和经济全球化发展,对外促进优势资源资本输出,加快我国港口走出去参与全球重点港口建设运营步伐;在国家视野下,促进国家版图沿海内陆双向开放、优化城镇化总体格局,加快产业转型升级,促进东、中、西部优势互补、协调发展,同时通过发展海洋经济,港口发展向服务型、知识型港口模式转变,进一步提升东部开放水平。

(2)经济全球化背景下,海运对经济发展起重要支撑作用

从 15 世纪地理大发现以来,国际航运中心的演变与全球经济重心的变迁相辅相成。根据相关统计,目前国际贸易总运量中 2/3 以上由海洋运输承担,全球 80% 以上的经济总量集中于沿海 200km 的腹地范围。2013 年我国成为世界第一货物贸易大国,海运通道运输的货物贸易额占我国对外贸易总额的 65% 左右,且我国 90% 以上的进口货物通过海运来完成。世界级城市群的发展,如纽约、东京、伦敦、巴黎、上海等,基本都拥有世界级的国际航运中心。

(3)国家新型城镇化战略为港口升级发展带来难得机遇

过去几十年间,我国利用低劳动力成本、低环境成本、低用地成本在国际产业转移中取得竞争优势。但是由于高物流成本、高交易成本、高生产性服务业成本,导致我国企业的竞争优势越来越小,尤其是企业的物流成本占销售额的比例,中国高达 20%~40%,发达国家仅有 9.5%~10%;社会物流成本与 GDP 的比值为中国 18% 而美国仅 8.5%。国家新型城镇化战略提出要以城市群为主体形态,大城市要优化内部空间结构、促进城市紧凑发展,构建"两

"横三纵"城镇化战略格局,促进城镇化格局更加优化。这既需要港口进一步发挥国际航运功能,支撑国家对外开放,同时也需要港口带动中西部内陆地区及港城转型发展。

2. 政府和市场之间关系的转变

计划经济时代,港口发展过度依赖政府规划,企业唯有按照国家计划执行规定任务,以行政手段调节国家控制,造成运营模式单一、经营业务面窄、资源配置效率低下、港口同质化竞争严重。市场经济时代,政府承担权力清单、责任清单,"法无授权不可为";企业承担负面清单,"法无禁止即可为"。利用市场经济手段引导,根据市场需求与供给变动引起价格变动,实现资源再分配,形成结构多样的港口发展模式,通过港口间有序竞争,提高港口服务水平。在未来市场经济新的商业模式下,解决跨界创新问题,发挥市场经济调节资源配置的决定性作用,是我国未来港口发展需要重点解决的问题。

二、挑战:港口软实力不足、港城关系弱、经营模式单一

根据迈克尔·波特的"竞争发展阶段理论",虽然目前我国已成为世界制造业中心,但是我国经济总体上来讲仍处于投资驱动阶段,港口处于第一代航运中心发展阶段,以生产要素配置、基础航运为主;虽然我国港口吞吐量排全球第一,但是依然存在软实力不足、可持续性弱、沿海内陆衔接不够、港城互动弱、港口运营模式单一等问题。

1. 港口硬件基础设施条件较好,航运服务、综合环境等软实力待提升

(1)港口硬实力完备,软实力不足

改革开放以来,我国港口发展取得巨大成就,港口吞吐量排全球第一,全球港口吞吐量排名前 20 位的港口中,我国占 14 个之多,排名前 10 位的港口中我国占 8 个。但我国港口基本都以货物装卸和造船为主导业务,依赖于其腹地的外贸实力和本地工业竞争力,港口吞吐量极易随生产制造业中心转移而转移,可持续性弱。对比世界航运中心关键方面,我国港口在航运服务、航运金融、法律、保险等产业链条方面依旧存在较大差距。以上海港为例,上海港吞吐量排世界第二,集装箱吞吐量排世界第一,但是根据《新华波罗的海国际航运中心发展指数报告》,上海港在全球国际航运中心发展指数排名中仅位列第七,其他如天津港、大连港、厦门港等更是榜上无名。对比上海港与其他世界航运中心可以从表 3-1 中看出,上海港航运基础设施等硬实力完备,航运服务、航运金融、法律等软实力有所欠缺。

表 3-1 上海与世界航运中心关键要素比较

要素	相关指标	上海	新加坡	伦敦	纽约	鹿特丹
运输能力	深水泊位数 / 个	46	42	48	150	650
	码头长度 / 米	12298	10300	9429	17997	23898
	集装箱吞吐量 / 万 t	3362	3258	350	550	1162

（续表）

	航线通达程度	300 条航线	250 条航线，600 个港口	100 多个国家港口	200 多条航线，370 多个港口	500 条航线，1000 个港口
航运服务	船舶密度 /（班·月 $^{-1}$）	2700	3600	—		2454
	二手船舶交易额 / 亿元	25	—	1223.46		
	航运经济公司注册数 / 家	13	—	400		
	注册船舶运力 / 万 t	1393	3300	1560		
	航运相关产业	中低端的航运服务业发展较好，高端的航运金融、仲裁等较滞后	重点支持国际中转，支持国际海事中心的建设，支持航运衍生品的创新	重点发展金融保险、海事仲裁、航运信息等高端折航运服务业	重视航运服务业与金融、贸易的融合	
	入住航运组织数量 / 个	1	—	48	—	
	海事仲裁 / 件	57	—	3684	—	
	税收	类多率高	类少率低	类少率低	类少率低	
航运市场	经济贸易自由度	自贸区	自由港		自贸区	港城一体化

（2）港口同质化竞争严重，缺乏合理分工

各地政府投资热导致港口无序竞争，建设相对过剩，腹地重叠，货物单一，经济结构同质化，相互合作协调少。港口竞争不仅仅是自身条件、吞吐能力、运营效率的竞争，也是支撑港口经济的自然条件、集疏条件，尤其是腹地经济的竞争。环渤海 5800km 海岸线，星罗棋布 60 多个港口，全国港口货物吞吐量排名前十大港口中六大港口集中于此，唐山港、天津港、烟台港、威海港、青岛港、日照港六大港口的运输产品基本都为煤炭和矿石等大宗物资，缺乏合理的功能分工。

2. 沿海与内陆衔接不够，通道结构亟待改善

"一带一路"倡议的提出，虽然强化东、西双向开放格局，但是由于东部沿海地区既有的港口区位及产业、对外贸易优势，在今后相当长的一段时期内，东部沿海对外仍将是我国对外开放的重要区域，但东部沿海地区与内陆地区衔接明显不够。主要表现在东部沿海地区港口铁水、水水中转比例低，集疏运主要依靠公路，大大限制了腹地范围。比如天津港大宗散货的 67%、集装箱的 98% 依靠公路运输，铁路运输严重不足，导致港口腹地范围狭小，天津港约 70% 的散货、80% 以上的集装箱源来自京津冀地区，对西北部带动作用不足；上海港铁路集装箱集疏运仅占 1%，利用长江转运货物仅占 8%，江海联运优势并未有效发挥，导致了上海港 90% 以上的集装箱货物都集中在长三角地区。相比而言，国际上美国洛杉矶港铁

路集装箱比例高达 43%，德国汉堡港也有 30% 的集装箱依赖铁路运输。中、西部地区则由于与东部沿海外向交通受限，对外开放度不够，国际贸易量较低，与国家地区均衡发展战略不相适应。

3. 港口经营集中，外向度低

与计划经济体制对应，我国港口经营集中于港口相关领域，以货物装卸、物流仓储、造船业为主，经营模式单一，业务面窄，服务对象以本国本区域为主。相比较而言，全球著名跨国港口经营公司面向全球，通过建立全球港口经营网络在集装箱等港口经营上占据着主导地位。中国香港和记黄埔、半岛与东方、美国装卸服务、新加坡港务局、国际集装箱码头服务公司、鹿特丹 ECT6 家公司占全球港口集装箱处理量 40% 以上。和记黄埔在全球目前拥有 29 个港口，共 162 个泊位，在中国香港、内地及全球船运贸易中各占 50%、25%、14%。

三、出路：提升港口服务，港城协同发展，多元跨界经营

"一带一路"倡议和国家新型城镇化背景下，总体应贯彻交通、产业、空间协同发展理念，促进沿海内陆双向开放，优化城镇化总体格局，促进产业转型升级。港口总体布局和功能要与国家重大经济产业布局、城镇空间格局有机结合，促进航运中心向服务型、知识型转变，完善集疏运体系，扩大港口经济腹地，发挥港口对国家城镇化战略的有效支撑。

城市群层面上，应将港口等重大交通基础设施和产业布局、空间结构三者高度协同、交互融合，城以港兴，港为城兴；立足于全球化视野剖析产业链条在全球组织、空间集聚等过程中的基本市场经济规律，促进临港产业信息化、高附加值方向发展；充分发挥出市场在资源配置中起的决定性作用，发展多元跨界经营。

1. 与"一带一路"倡议结合，提升航运中心功能、推进港口"走出去"步伐

（1）航运中心向服务型、知识型转变

新型城镇化背景下，我国港口发展要把握航运服务产业链，做强港口服务、船舶运输等航运主业，整合航运辅助业，拓展航运衍生服务业，向附加值更高的微笑曲线两端转移；提升国际中转比例，加强国际航运流动，改善航运政策环境，提升吸引力；加快高端运输服务业发展，推进自贸区建设，拓展航运金融，集聚培育代表全球竞争力水平的高端航运人才。

（2）港口群功能分级，优势互补

港口发展直接为腹地经济发展所驱动，腹地的经济结构、资源禀赋、经济增长水平以及综合交通条件等都将直接影响港口企业未来发展。统筹兼顾国内港口发展，要注重沿海港口总体功能分级，与亚太邻近港口错位竞争，同时要格外注重港口群内合理分工、错位发展、优势互补，比如，天津港和秦皇岛港共同出资成立渤海津冀港口投资发展有限公司整合津冀港口资源、促进津冀港口合理分工，就是有益探索。

（3）建设 21 世纪海上丝绸之路，推进港口"走出去"步伐

鼓励港口走出去参与国外重点港口的建设、运营，积极融入全球航运体系，满足我国进

出口贸易及能源资源进口需求,缓解我国海运通道安全隐患,为国际贸易提供物流支点。比如希腊比雷埃夫斯港、巴基斯坦瓜达尔港,以及非洲、拉丁美洲等重点地区港口。

2. 与国家新型城镇化战略结合,完善集疏运体系,促进港城联动发展

（1）完善集疏运体系,推进水水中转、铁水中转

结合国家"一带一路"倡议,长江经济带应充分发挥内河运输、铁路运输对港口集疏运的支撑作用,扩大港口腹地,带动中西部发展。以上海港为例,集疏运体系规划要考虑完善长江航道等级,提升内河—海运中转比例,加强对上海港支撑,加强西部铁路通道,建设沿江运输通道,完善沿海铁路集疏运,进一步辐射带动中西部发展。

（2）"城以港兴,港为城用"

借鉴新加坡经验探索创新"港—城"空间有序开放、高效管理模式,依托于全球产业链条,组织以港口为代表的全球运输网络、产业全价值链的分工网络、城市群的空间网络,形成港城集聚效应,解决临港产业用地与城市宜居空间和谐发展。通过链接上下游产品的一体化,降低资源成本,减少排污排废,利用港口带动城市发展,提高城市吸引力,促进人才集聚,服务港口及临港产业发展,参与全球航运竞争。

港口作为综合运输网络的接合部,各种运输方式枢纽使港口所在城市成为港口腹地区域的商流、物流、资金流和信息流汇集地。传统邻港产业仅仅只是打造制造业集群,扩大港口腹地,不足以支撑港口的可持续发展。港口未来发展依托集装箱码头和邻港加工区,利用港口集散过程中形成的现代物流链,借助现代化理念和信息处理手段,建设物流园区,建立配送功能,构建国际物流中心;以信息技术为平台,实现金融、商务、设计、资讯、中介等现代服务业与港口产业（航运,物流）的网络式交互,拓宽港口的服务领域,提升服务的附加值;推动产业创新,优化产业环境,支撑高端服务业发展需求。

3. 与市场配置资源结合,推进跨界多元经营,横向联合

港口经营模式上借鉴发达国家的主港经营模式,港口行政管理和公共基础设施由政府负责开发,经营性基础设施、上部设施、港口装卸作业和引航、拖带等港口辅助作业由企业经营管理,扩大投融资渠道,引入竞争,提高效率。同时,通过跨界经营,创新经营管理体制和经营策略,开辟多元经营领域,拓宽港口功能。借鉴纽约和新泽西港的管理经营策略,管理经营辖区内大量海陆空交通基础设施及地产,年营运总收入达 37 亿美元,其中机场和桥隧汽车站的收入分别达 22 亿美元（6 亿美元来自对航空公司的机场使用费）和 10 亿美元,来自港口的收入约为 2 亿美元。

"一带一路"倡议与国家新型城镇化背景下,利用港口交通服务创造新的应用、新的价值的企业才是未来港口运营商中的赢家。产业是发展的灵魂,空间是发展的载体,交通是发展的工具。贯彻交通、产业、空间三要素协同发展的理念,基础设施之间的功能互补,构建多元化资本结构,是"一带一路"倡议下港口产业未来发展的重要道路。

第四节　资源型县域经济的城乡一体化发展研究

一、概述

按照国际经验，在经济增长过程中，城乡收入差距通常会经历一个"倒U形"从扩大到缩小的转变。我国当前城镇化率超过50%，人均GDP也已达到7000美元，已经进入城乡一体化的发展阶段，但当前城乡依然存在很大差距，这对我国社会经济进一步发展产生了严重的影响。

城乡一体化强调城乡的明确分工、互相促进，强调城乡双向互动发展，不是简单的空间均衡化，而是通过资源、资金、劳动力、产品、技术在城乡之间的有序流动，构成一个高度协作的最优系统，从而促进城乡经济社会的全面发展。

我国的城乡一体化的提出与改革开放后的乡镇企业的繁荣有很大关系，我国苏南地区较早使用城乡一体化概念，正是源于苏南地区已经出现的乡镇工业产值大幅提升，城乡间的工农边界日益模糊，城乡居民生活水平已经出现了差异缩小的现象。

在我国有很多资源型城镇，其城乡差别比一般城镇更为明显。具体表现如下：突出的二元经济，城市工业企业与本地其他产业直接关联度更低，城镇化严重滞后于工业化；资源型县域经济产业结构单一，而且得益于高收益的资源型工业，其惯性很大，如不对其发展加以合理调控，则很难实现转型，从而达到城乡一体化的发展。

二、问题根源

1.资源型县域城乡二元化较重的问题根源

资源型县域经济往往表现出城市工业靠资源开发而一枝独秀，但一方面与本地其他工业发展水平关联性不大，另一方面带动本地城镇化的动力不足。这样的结果主要源自：城市的形成及发展严重依赖于大型央企的统一资源开发调配和自上而下的投资，地方税收留成又少，地方自主性不强。国有大中型资源开采加工企业较为封闭，内向性很强，基本自成体系，独立配套设施，与城镇及县域乡村地区互动不强，导致城乡二元结构始终未能有所改善。尤其是在人口密度较高的中部地区，还面临乡村大量剩余劳动力得不到有效转移的问题，不仅会导致青壮年劳动力的流失，还导致农业规模化经营的开展难度高，生产效率不高。这样的结果直接导致了城镇化严重滞后于工业化水平。

根据钱纳里标准模型来看，襄城县总体上处于工业化中期，但偏离标准结构。人均GDP超前，从人口城市化率（空间结构）以及第一产业就业人员占比（就业结构）这两项指标，襄城县的发展情况则呈现出与工业化早期阶段相同的水平。

"IU 比""NU 比"是城镇化与工业化量化测度的通用指标。其中,"U"是指城镇化率(即城镇常住人口 / 总人口);"I"是指工业部门(通常以第二产业代替)就业人数 / 就业人员总数的比值,即劳动工业化率;"N"是指非农业部门(通常以第二、第三产业代替)就业人数 / 就业人员总数的比值,即劳动非农化率;"IU 比"是指劳动力工业化率与城镇化率的比值;"NU 比"是指劳动力非农化率与城镇化率的比值。根据国际经验,不论是发达国家还是发展中国家,随着工业化、非农化和城镇化的协调发展,IU 比会越来越趋近于 0.5,NU 比会越来越趋近于 1.2。襄城县 2010 年劳动力工业化率(I)与常住人口城镇化率(U)的比例为 0.8,非农就业比(N)与常住人口城镇化率(U)的比例基本保持在 1.5 以上。

由此可见,襄城县的城镇化严重滞后于工业化发展。这主要是由两方面因素所构成:一方面,工业太过重型化,资源密集型和资本密集型比重太高,同时服务业也不发达,导致非农产业对非农就业拉动不足;另一方面,由于城镇缺乏吸引力,大量非农劳动人口居住在乡村地区,非农产业聚集在城镇之外,导致非农劳动人口滞留乡村地区。

2. 资源依赖的不可持续性

由于资源型城市严重依赖资源采掘业,因此城市转型的重点是资源产业的转型,产业转型的模式也被认为是资源型城市转型的一般模式。资源型城市随着资源开发需要经历开采和生产扩大期、鼎盛期、衰退期和资源枯竭期,城市经济会依次出现兴起期、繁荣期、衰退期和新生期的生命周期。如若进入衰退期甚至是枯竭期,城乡发展水平将无法避免地出现全面的衰退,并伴随人口流失、经济不景气、社会不安定的情况出现。

襄城县正处于资源型城市发展的兴起期向繁荣期的过渡阶段。这个周期率并不是一成不变的,如果这些城市在资源开采的扩大期就主动研究转型、早规划,完全可以跳出这个周期率,有效避免在资源衰竭时转型所付出的沉重代价。利用好本地资源经济带来的资本及人才的迅速积累,提高本地工业化水平,增强城市核心竞争力,将为县域经济克服资源型城市的固有弊病创造条件。

三、解决途径——从工业化孤军突进到四化同步发展

单纯依靠工业化孤军突进导致城市城镇化滞后于工业化,工业内部结构脱节,就业吸纳不足,城市配套迟迟跟不上,环境恶化,"三农"问题严重,结构单一导致城市经济风险抵御能力差。

工业化、城镇化、信息化、农业现代化四化同步发展是由"三化同步"向"四化并举"迈进的重大举措,并被写入中国特色的新型城镇化方略。四化同步发展能够切实有效地解决地方发展的关键问题,将在极大程度上提升县城生产和生活环境,通过工业反哺基层以实现经济结构的调整,开拓经济、社会、生态全统筹的城乡发展模式,依靠全产业链创新居民的创收与就业模式,从而促进城乡社会的全面进步。

1. 四化同步发展

推动信息化和工业化深度融合。在资源工业以外的企业生产工艺运营模式普遍都还较为传统落后，应大力推广信息化从技术上改造、管理上革新，从而提高产业和经济的整体素质，实现本地的产业升级。同时工业化为培育信息化创造条件，依靠资源型产业和其他传统产业发展为信息化提供建设资金和市场容量。

推动深度产城融合。凭借资源优势，已有的工业发展给城镇化打下了坚实基础，城镇化带来税收、资本和就业岗位，城镇化为本地工业发展提供劳动力、生产生活配套及其他支撑条件，从而促进本地工业水平的提高。合理规划、建设、管理工业聚集区，实现工业产业和相关要素聚集，推进产业空间的合理布局。完善县城的功能，发展生产及生活服务业，打造良好的人居环境，吸引高素质人才入住。

城镇化与农业现代化互相协调。城镇化和农业现代化是解决"三农"问题的必由之路。要实现产业发展和城镇建设融合，城乡互补，促进农业现代化析出劳动力与城镇吸纳劳动力协调发展。重点建设县城，县城是推进本地城镇化的主体，也是农贸服务的主要载体，起着工业反哺农业、城市支持农村的"桥头堡"作用。

2. 产业发展与劳动力就业互为支撑

一方面，进一步放宽农地政策限制，使农业土地资本顺利流转，促进外流人口"带资进城"，顺利实现异地城镇化，并安置家眷，优化本地人口结构。加强基础教育和职业教育，实现人力资本的增长，改造本地劳动力素质。未来不仅依靠庞大的人口基数，更需要提高人口质量，才能充分发挥人口这一红利要素。

根据调研，回流人口由于在外打工已经积累不少资金，在外见过世面，回乡创业意愿强烈，个体经营已经成为很多回流人员的就业选择。政府应当优化本地市场环境，鼓励小微企业的发展，为创业提供多渠道融资方式，完善相关配套政策。

由于农业现代化和土地流转所解放出的农业劳动力进入非农劳动市场，将进一步扩大劳动供给、压低工资水平，未来发展劳动密集型产业将继续保持一定优势，劳动密集型工业企业及城市传统服务业将是未来吸收本地劳动力的主要生产部门。

3. 基于城乡一体化的产业升级——构筑更具弹性的现代体系

首先，资源型城镇具有丰富的矿产资源，未来的工业发展必须紧紧围绕这一资源优势，更好地发挥煤炭行业的主导作用，通过多联产技术，延展产业链条，丰富产品类型，解决产能过剩问题，完成资源采掘及传统化工向新型化工的转型升级，使其成为资源型城镇社会经济发展的一大助力。

与此同时，应当着重培育现代物流、信息服务等生产性服务行业，改造提升商贸、餐饮等传统服务业，加快发展社区服务、养老等生活性服务业，构建服务业发展新格局。依托本地优势资源，发展乡村旅游，为乡村地区创收，并推动美丽乡村建设。

最后，通过生产科技化、产品高端化、生态景观化、产销一体化和经营组织化推动建立健全农业产业体系，积极发展现代农业。

第五节　新型农村社区的幸福和阵痛

一、基本情况和主要做法

邵庄寺社区位于喻屯镇南端,邵庄寺村驻地,济鱼公路两侧,52 路公交车终点站。涉及邵庄寺、夏王楼 2 个行政村、11 个自然村。由于居住相对分散,给村民的子女教育、就医带来诸多不便,其中有 4 个自然村没有通自来水。为集约高效利用农村土地,济宁市任城区(原市中区)喻屯镇在夏王楼和邵庄寺 2 个行政村,推行了省政府批准实施的农村建设用地整治挖潜项目。这项工程是在政府主导下进行的,实施方案是以宅基地换住房、腾空旧村庄、入住新社区,政府投入占 80% 左右,群众承担 20% 左右。

1. 搬迁补偿安置原则

喻屯镇政府成立新型农村社区建设指挥部,统一规划并搞好配套基础设施建设,集中搬迁,整村改造;被搬迁居民可以选择回迁安置或货币补偿两种方式;先拆后建,旧房全部拆除后,进行安置房建设,旧房不拆除,新房不建设。

2. 搬迁补偿方案

对搬迁户的补偿包括房屋、附着物两部分,委托具备一定资质的中介机构进行评估,根据房屋的不同结构、新旧程度等因素,综合确定被搬迁房屋评估价格。通常一般情况下,土坯房价格为 300 元 /m²,最好的砖混价格为 550 元 /m²,均价为 380 元 /m²。按照土地管理法规定,农村村民一户只能拥有一处宅基地,宅基地面积不得超过省、自治区、直辖市规定的标准,所以补偿方案没有考虑宅基地补偿的问题。对宅田合一的,所占农田指标由本村从置换出的土地中进行统一调剂。

3. 回迁安置办法

安置住房设计为 6 层,一楼以下为储藏室,楼房分为 70~80m²、90~100m²、120~125m² 三个标准;老年房设计为两层,每套面积 40~50m²。回迁住房实行货币化购买的方式,回迁价均价 765 元 /m²,优惠价均价 875 元 /m²,市场价均价 1285 元 /m²。回迁安置每人最多享受 30m² 的回迁价和 30m² 的优惠价,超出部分则按照市场价计价。选择住房面积低于安置标准的,不足部分不再补贴。安置套数由安置户自由选择,每户在保证 1 套的基础上总数不能超过本家庭成员减 1 的数量。老年房按 1 套计算,以社区为单位集中安置。普通住宅和生产服务用房以行政村和自然村为单位相对集中安置。新房入住后,由政府统一免费办理房产证,产权永久归个人,5 年后就可以在一定范围内进行买卖。建设了生产服务区,用于放置农用机械等,每间服务用房 24m²,每套住房最多可同时购买一间服务用房。生产服务区提供电力、设立公共厕所和公共取水处。经过精确测算,已搬迁农户住宅平均评估价为 8.7

万元,根据对农户的补偿标准进行测算,一户家庭如要一套 100m² 的楼房加一间 24m² 的生产服务用房,需要 9.05 万元,这样农户还要再拿出 0.35 万元。

4. 临时补助方法

村民腾空房屋后,政府一次性支付搬家费每人 100 元,对于提前搬迁腾空的,最多给予每人 1500 元的奖励。选择回迁安置的搬迁户每人每月享受 50 元的临时过渡费,房屋腾空后支付搬家费和 6 个月的过渡费,以后过渡费每三个月支付一次。过渡期为 18 个月,超过 18 个月的部分按照实际过渡时间在原过渡费的基础上提高 20% 结算,选择货币补偿的,只享受规定时间内搬迁的奖金及每人 100 元的搬家费,不支付过渡费。考虑到搬迁群众在外租房不便的实际困难,镇里集中力量加快 950 间生产服务用房建设,将其作为临时过渡安置房。对伤残农民和行动不便的老人,安排住进了镇敬老院,对学生进行了妥善安置。另外,为解决农民购房资金短缺的难题,镇政府协调农村信用社给予每户 9 万元的贷款额度,年利息在 8% 左右,贷款期限最长为 10 年。

二、主要成效

在远离市区、镇区的地方建设的社区令人眼前一亮,学校、幼儿园、医院、商场、生产服务区、农贸市场、绿地广场、液化气站、垃圾转运站、污水处理厂等配套齐全,被当地人称为万福家园。

1. 农民节约了土地,土地指标支援了城市建设。原来 2 个行政村共占地 1184 亩(1 亩 = 0.067 公顷),人均占地面积 161m²,现在社区占地 432.6 亩,人均占地仅有 59m²。项目完成后可新增耕地 900 余亩,节余建设用地指标 731 亩。邵庄寺社区共计花费 3.5 亿元,除去农民交款 0.9 亿元,剩下的 2.6 亿元全部由政府承担(相当于农民入住社区共 7.15 万元 / 人,其中政府承担 5.31 万元 / 人、农民自己负担 1.84 万元 / 人)。按照规定,政府按新增耕地 20 万元 / 亩进行奖补,政府除奖补 1.46 亿元,另外 1.14 亿元也是由政府负担的,相当于政府以 36 万元 / 亩的价格购买 731 亩的建设用地指标。政府将新增的 731 亩建设用地指标,转移到城市周边,用于工商业或房地产发展。根据详细调查,当时济宁市城区周边的商业用地均价在 160 万元 / 亩左右,工业用地最低价格在 16.8 万元 / 亩,而在喻屯镇不到 14 万元 / 亩,政府在中间起到了桥梁作用。

2. 改善了居住环境,提高了生活质量。邵庄寺社区与其他农村社区不同之处在于:一是回迁楼采用外墙保温、中空玻璃,达到了环保、低碳、节能的要求。二是社区环境优美。社区规划总户数 2100 户,容积率为 0.99;规划绿地面积 1.2 万 m²,绿地率为 37.2%;引入物业管理机制,实现了社区卫生清洁、社会治安、设施维护的产业化经营;投资 240 余万元建设了污水处理厂。三是天然气入户。政府投资 500 余万元建设了天然气中转站,拆迁前群众大部分使用液化煤气罐,平均每户每月支出 70 余元,使用天然气后,每户月均支出 30 元左右。四是享受到较好的公共服务。小学、幼儿园正常交付使用,学校环境、硬件条件、教师素质得到了明显的提升,该小学已被评为省级标准化学校,社区服务中心投入使用。社区医院共有 10 名医师,轮流值班,方便了群众就医。公交车站就在门口,方便了群众出行。

3. 解决了部分农民的就业问题。镇政府招商引资引入了两家服装厂,调研组采访了刚刚开业一个月的儿童服装厂,现在用工 20 人,正常生产时需要 100 余人,社区沿路两侧餐饮住宿也解决了一部分的就业问题。镇里准备新开通往唐口工业园的班车,真正解决农民的非农就业问题。

4. 拉动了房地产经济。按照规定,居民回迁安置后由政府免费办理相关房屋产权手续,农村宅基地变成了楼房,就可以流转了,可以获得财产性收益。调研中了解到,虽然规定安置房 5 年内不允许出售、转让,确需出售、转让的由镇新型农村社区建设指挥部按照回迁安置价格予以回购,私自出售转让的不予办理产权过户手续。但实际上也出现了私下的房地产交易,住房交易价格在 1500 元/m² 左右。初步估算,社区内 10% 人口来自于 2 个行政村以外的地区。

三、存在的问题

1. 搬迁周期长,群众有反复。搬迁安置的时间为 18 个月,给农民的生产生活带来诸多不便。

2. 对农民生产生活有一定的消极影响。喻屯镇是"甜瓜之乡",这两个行政村农民都有种植甜瓜的习惯,由于社区离承包地有一定距离,影响到了部分农民种植甜瓜的积极性;另外,由于没有粮食烘干设备,粮食收割后晾晒占用了大量的空间,影响了社区农民生活;针对弱势群体,虽然镇政府争取危房改造资金,每户补贴 1.1 万元,解决了 13 家困难户的社区住房问题,但是仍有 7 家即使享受了 1.1 万元的补贴也买不起住房的,被安排住在生产服务用房里。再者,农民上楼后,前三年是不需要交纳物业费的,之后就要交纳与之相对应的费用,增加了居住成本。如果对自己的住房不满意,也无法进行自行翻盖了。

3. 存在部分未上房户问题。目前还有前兴隆、后兴隆、魏集村的 30 户群众尚未落实回迁上房,这部分群众全部签订了回迁安置协议,并领取了过渡期间的安置费用。而且仅前兴隆、后兴隆两自然村面积 110 亩,并没有启动复垦,存在着在原宅基地上自行建房现象。

四、政策建议

1. 建设新型农村社区要与产业密切结合起来。如果农民的生产方式没有发生根本转变,合村并点建社区,将会对农民的就近生产造成一定影响,可能会导致农民的第二次搬迁。所以要搞好土地流转,让真正愿意种地的农民实行规模化生产,不愿意种地的农民要搞好非农就业培训。新型农村社区要和工业园区(产业园区)配套建设,做到产业发展和居住生活结合起来,真正解决当地农民的非农就业问题。

2. 建设新型农村社区要做到以人为本。建设新型社区是农村就地城镇化的发展趋势,但城镇化是一个自然历史过程,群众认识和了解也需要一个过程。提出要推进以人为核心的城镇化,但不同的人需求是不一样的,同一个人在不同的发展阶段,需求也是不一样的。向农民提供均等化的基本公共服务是政府最重要的职责。在调研过程中,地方政府对城乡建设用地增减挂钩试点工作,存在着考核评比等现象,并有一些操之过急的做法。如果群众的思想工作还没有完全做通,就拆迁旧房,会对农民的利益有所侵害。所以政府不能把建设城市的模式简单复制到农村社区,不能以行政命令强制推行,干"出力不讨好"的事情。要注意工作的方式方法,赢得群众支持,有计划、有步骤地引导农民自愿搬迁。对做不通工作的农民,要留有出口,尊重他们的生活习惯和选择。另外,可以采用村企合作和自主开发的方式,政府给予一定的优惠政策,如何开发和建设让农民自己说了算。

第六节 以"场所营造"推动水磨新村"乡建"的探索

"三农"问题一直是我国重视的问题,因为"农业、农村、农民"问题在我国社会主义现代化建设中有重要地位。这些年我国新农村建设取得显著成效,但随着工业化、城镇化的不断深入推进,农村社会结构也加速转型,空心化、老龄化、留守儿童问题日趋明显,很多农村的公用工程设施、公共服务、人居环境还需要大力改善。同时,如何"唤醒"农村大量"沉睡的资产",也已成"三农"发展的一大挑战。

在强调持续缩小城乡收入差距、建设美丽家园新农村的同时,还强调公共服务水平及文化建设,提出要创新乡贤文化,由"物"到"人"的丰富新农村建设内涵。文件还提出,推进一、二、三产业融合发展,推进农村集体产权制度改革,进一步激活农村要素资源,并首次提出"引导和鼓励社会资本投向农村建设",这将有益于新农村建设更可持续、农民获益更加实在。

我们可喜地看到,近几年呼和浩特市在全面推进大青山前坡生态保护综合治理工程的同时,一直在把"三农"问题作为首要重点,探索并实践着生态、文化与产业的融合发展,努力地在大青山前坡建设新农村建设示范区和生态旅游观光区,成效显著,而作为首期重点项目的水磨村及周边区域,从规划到建设都一直是人们关注的焦点,本文试图从设计理念、规划编制和建设保障等方面系统地介绍水磨村的规划建设经验。

一、在水磨村重提"乡建"的意义

水磨村地处内蒙古呼和浩特市大青山前坡,现有 139 户,共 326 人,背山面水、景观秀美,是呼和浩特市市民周末休闲的热点去处。由于气候变化等原因,水磨村的种植业已经严重萎缩,养殖与林业也未成规模,部分居民带头发展起来的农家乐,成为整个村庄的支柱产业。除却村容村貌破落,周边设施滞后等物质问题,村民文化生活匮乏及归属感丧失等精神问题也日益突出。

就像各种"返乡笔记"叙述的那样，较之物质环境的衰败，乡村文脉的消亡愈加令人不安。乡村问题从来不是孤立的，"乡愁"与"乡建"也不是矛盾的对立体，只要规划建设得当，"创新乡贤文化"与"改善生产生活环境"可以实现最大限度的和谐统一。我们真正需要的是物质和精神上双小康的美丽乡村，这也是我们所倡导水磨村"乡建"的意义所在。

二、为什么会选择场所营造的方式

不同于普通的乡建，水磨村具备特殊的区位与发展内涵，我们需要寻求一种诗意的规划和建设方式，营造一种崭新又熟悉、美丽又乡土、丰富又经济、宜居且宜游的新时代村落场所。要实现这种从细节到内涵和谐统一的乡建，规划师需要联合建筑师、景观设计师和政府、村民的力量，借助他们的方式和方法，践行"场所营造"的理念。

按照伯纳德·亨特先生的说法，规划师往往缺失场所营造的能力与艺术，擅长摆布房子，却疏于营造好的"场所"。我们需要一个从创造到设计、从远景到实物的过程，由多方参与共建，最终形成一处兼具舒适感、趣味性、地方性且凝聚人心、让人牵挂的特定场地，甚至还能激发出居民与游客的好奇和思考。在研究了自然、文化、资源等现状发展基础的前提之下，在综合了不同利益群体、不同职业、不同学科的广泛意见之后，再由规划师将这种想法以清晰易懂的文字和图示展现出来，获得村民的广泛认可，指导村庄的实际建设。

三、水磨村场所营造的重点

1. 基于未来的发展导向

在认真地调查与走访后，我们总结出水磨村未来发展的限制因素和优势之处。限制因素主要有五点：地处山地和生态功能区，发展受限；耕地缺乏，劳动力吸纳能力有限；旅游及配套服务缺乏，水平不高；村容村貌较差，居住环境亟待改善；文化内涵不深，吸引力低。优势条件也有五点：优越的生态环境、较好的旅游资源、良好的市场区位、现实的旅游发展基础和政府高度重视的新农村示范政策。

基于优劣势的比对分析，依据国家政策方针，统筹地方发展实际，我们将水磨村的发展思路确定为：保护生态环境，深掘旅游资源，提升服务功能，坚持旅游驱动、特色发展之路；将水磨村定位为依托大青山良好的山水生态环境，以田园休闲度假、乡村文化体验、农业观光采摘、自驾车露营发展为主，独具特色的呼和浩特市近郊民俗文化旅游村。

按照既定的思路定位，我们梳理了水磨村场所营造的重点区域与实施范围，主要包括：第一，周边环境整治、外围道路改造、公交站场和停车场配建等；第二，村庄功能分区划定，分区核心吸引物与各类空间营造；第三，村庄各类建筑整治与户型设计；第四，水系营造。

2. 营造"柔性"的场所

科技的进步和生活节奏的加快，使得人们的生活愈加同质化，这也充分反映出对生活环境及其意义的忽视。曾几何时，我们被钢筋水泥的"森林"包围，周遭的环境生硬而冰冷，美学变成了整齐地排列,艺术变成了模块的拼接,而人们之间的距离也变成相隔一"机"、心距千里,内心柔软、外表生硬。或许,柔软不应只深藏于你我内心,我们的场所与环境也应该是温暖的。

每个人都有块最为柔软的地方,深藏心底。我们试图从环境学、现象学和传统文化等方面寻找灵感;从自然环境和生活环境两个角度,探索落点;从时间和空间两个维度,延展柔性;试图营造出心理和视觉上的双重柔软感受。这是一种超越物理概念的空间场所,可感知是其基本特征,内外事物的形式与质地构成其特性和氛围。我们希望赋予场所某种适宜的精神,包含但是不限于记忆和情感的沉淀,唤起居民、游客的认同归属,让他们诗意地栖居行走。

3. 重建村落的传统文化

受到现代文明的强烈冲击和影响,乡村的伦理价值体系支离破碎,生活在其中的人也日益迷失,村落的凝聚力越来越弱。越来越多的成年人选择离开村子,却没有带着孩子。留守儿童问题不仅是制度问题,更是文化问题。缓解这类问题,需要重建乡村文化,营造适合农民需求的文化活动,吸引他们回来创业,重建乡村的经济、伦理、信任以及生活方式。

"每个人的故乡都在沦陷。"我们需要建设乡村公共文化,发展乡村学校教育。重塑农民的互助精神,遏制"功利化"和"疏离化",积极应对乡村社会边缘化和村庄"空心化",增强村庄社区的凝聚力,培养集体情感,为乡村少年儿童创造积极健康的成长空间,重塑村民特别是少年儿童对乡村家园的认同感,为乡村塑造独具特色的文化品格。

四、重要场所的空间创新与特色营造

传承"天人合一"的中华传统思想,将活气理脉的理念落实到村落空间形态的创造之中,巧借自然山水之势,把握村庄地域文脉,整体布局规划建设,注重乡土景观、农宅建设、公共空间和绿色营造。

1. 乡土韵味

将山水景致融入场所组织,形成视觉中心、停留节点和空间脉络。依山建屋形成错落有致的建筑景观,近水造园提供良好的休闲感官,着力营造出重要景区的景观氛围。

门户立意。水车、磨坊、清水石阶,亲和生动;景观石、石板路、古牌楼,灵动秀美。古牌楼主体为木结构,采取两柱一开间形制、三层两面坡悬山式屋顶,设双梁,梁面饰雕花篮纹,额枋间的菱形木架借鉴当地窗花形式,整体形式优美而不失轻盈。

水系传情。疏通河道,碎石铺路,营造丰富滨水景观,形成多层次旅游空间。上游平坦,水流舒缓,建设登山步道入口广场和汽车营地;下游落差大,叠水筑坝,建设滨水游憩道、亲水平台、沿河栈道和乡村风情节点。道路铸魂。村道改造就近取材,进行砂石路面提升,尽可能保持乡土氛围。坡地步行道以条石、卵石铺地为主;广场铺地为石板和方砖等;沿河游路以卵石铺地、木栈道为主。

2. 农宅风情

农宅是村庄最基本的组成部分，关系每个村民的日常生活。通过细致入微的入户走访和建筑排查，水磨村的农宅主要存在如下问题：建筑质量差，损毁严重；立面缺乏协调，整体景观混乱；建筑功能不完善，节能性差；院落空间组织混乱，生活设施不齐全等。

水磨村的居民，祖辈上多从山西移民而来，除了文化、习俗与山西同源，农宅建筑也接近于一墙（长城）之隔的晋北民居。不同于晋北地区的单坡反翘，水磨村的农宅建筑坡面更加平直，建筑形制更加简单，屋脊装饰大大简化；建筑细部与门窗形制也不同于晋北民居的庄重大气，而是非常简易，节省了大量建筑材料；初期居无定所的生活使得早期移民在房屋建造时力求经济快捷。通过对当地民居特色及影响因素的研究，我们对水磨农宅的认识不再停留在形式表面，而是变为依照生活习惯、民俗文化和外部环境，引导设计新农宅建筑。

以中国传统院落为单元，组织建筑单体和户外空间，充分考虑当地农户生活劳作或民俗接待。新农宅的建筑设计取材于水磨村最早的一批旧建筑，屋顶出檐较浅，大门采用晋北民居形制并加以简化，窗花装饰沿袭当地传统元素，丰富了建筑立面，体现出了乡土气息。建筑设计充分考虑冬季寒冷漫长的气候特点，南向大面积开窗而北向开小高窗，在阻挡冬季寒风的同时保证充足日照；正房两层，厢房和倒座一层，避免阳光遮挡；主次建筑间通过封闭连廊相接，方便寒冷冬季使用；建筑的山墙面大面积使用实墙，通风孔尺度较小，防止寒风侵袭，还可以保证室内通风。建筑设计还考虑到了旅游接待的功能要求，在户型设计中进行了充分体现。

水磨村的农宅建筑设计，传承了当地特色元素，摒弃了旧有不实用布局，创造了更为宜人的居住空间，真正做到了源于水磨、忠于水磨、高于水磨。新农宅延续了水磨居民的旧有记忆，符合水磨居民的新生活习惯，在"乡建"的同时最大化地保留住了"乡愁"。

3. 生活情致

建设公共建筑和文化设施，丰富乡村文化活动，唤起村民的生活情致，强化村落的凝聚力，重建出属于水磨村民自己的幸福生活方式。

村委会是村庄的治理中心，原有建筑面积过小、破落危旧，规划进行原址重建，扩大了面积，丰富了功能。新村委会集村民服务、游客服务、后勤保障等功能于一体，成为村庄公共服务中心。

新建民俗文化展示中心，与村委会邻近，作为展示水磨历史文化、民俗生活、传统手艺和生活变迁的场所，兼作村民文化活动中心。乡村茶室是村庄的集体产业，兼有旅游接待功能，设有 12 个就餐包间和部分室外散座，最多可接待 150 人同时用餐。

结合地形，建设台地文化广场，承担观众席功能，满足村民大会、电影放映、民俗表演等使用，兼顾居民和游客需求。台地广场、景观连廊、山地民宅组团、登山小径、观景亭，形成独特的视觉景观，方便村民游客休闲健身。保留现有古树与乡土植被，就地取材建设，展示本地风情，营造整个村落最具活力的公共中心、交往空间和展示场所，凸显"柔性"。

4. 绿色景观

村庄整体绿化以自然、乡韵为主要原则,依托周边山林环境,保留滨河现状农田,加强道路防护绿带建设。重点打造中心公共绿地、滨河生态绿带,引导民宅庭院绿化,打造富有乡村特色的多层次绿化系统。

选择当地植被品种,模仿自然植物群落,进行造景设计,避免结构不稳定、管理成本高和抵抗力弱。呼和浩特市属干旱半干旱地区,水磨村深入山地气温较低,冬季寒冷而且漫长,规划中采取了适宜的乔、灌比例和常绿树与落叶树比例,并按照物种多样性、景观、色彩等进行合理配置,满足观赏、采摘的需要。

以场地为基础的植物造景注重生态学原理,尽量减少大土方工程,避免人为破坏生态环境。规划中充分利用场地现有特征,引导景观的自然促成,促进人与环境的和谐一体,彰显场所营造特有的精神内涵。

五、多方合力的公众参与共建尝试

场所营造离不开组织建设和公共参与。与中国现阶段相对应,20 世纪 70 年代的日本社会出现过精英返乡热潮,在乡村社区成立了各种执行机构,发动民众,再造新乡土。中国现阶段的乡村,也逐渐开始出现这种自我组织,但是这个自我组织的过程没有能人是不行的,而在西部地区的水磨,规划师正好可以担当起这个责任。

水磨村的规划建设,依靠的是村民组织、开发企业、政府官员和规划师领导的设计团队的多方合力,主要体现在以下三方面:第一,坚持以问题为导向,积极化解村庄规划与建设面临的各类问题,进行有针对性的破解;第二,坚持"村民全程参与",包括了调查访谈、规划工作、规划公示、村民审议等全过程;第三,坚持多方参与共建,广泛发动政府、企业、社会人士等多方力量,运用"合力"寻求解决途径。

六、小结:美丽乡村的水磨村样板

现行乡村规划建设存在的各类问题,既有客观的社会经济背景,也有主观的不作为因素。"乡愁"与"乡建"不是矛盾的对立体,只要规划建设得当,"创新乡贤文化"与"改善生产生活环境"可以实现最大限度的和谐统一,我们真正需要的是物质和精神上双小康的美丽乡村,这也是我们在水磨村倡导"乡建"的意义所在。尊重自然、构建传统,重拾场所精神,是本次规划建设的出发点,我们尝试的是一种具有诗意的规划和建设方式,营造的是一个崭新又熟悉、美丽又乡土、丰富又经济、宜居且宜游的新时代村落场所。最终这里也会成为水磨村居民的"精神乐园"和呼市居民的"第二故乡"。

第七节 新常态下旅游城市发展策略

一、概述

目前，国民经济步入新常态，社会环境的变化和政策为旅游业创造了良好的基础和环境。服务业就业容量大，发展前景广，要大力发展旅游、健康、养老、创意设计等产业；此外，新常态下，内需消费成为经济发展的重要拉动力，且个性化、多样化消费成为主流，旅游则是满足国民消费需求的重要渠道；而民生改善，居民收入持续增长，新型城镇化和户籍制度改革大力推进，都将进一步释放国民的旅游需求。许多城市将旅游业看作是新常态下新的增长点，纷纷提出建设旅游城市的目标，老工业城市希望通过旅游实现转型，旧城融入旅游推动发展，落后地区以旅游实现跨越式发展，粗放式发展的城市结合旅游转向内涵式提质升级。

然而，对于新常态下新的发展要求，目前传统的规划难以提供相应的解决策略。本文就新常态下旅游城市的内涵进行分析，提出新常态下旅游城市的发展策略，以期望对我国旅游城市的规划与建设有所启益。

二、什么是旅游城市

城市是社会生产力发展到一定阶段的产物。城市在不同的发展阶段扮演着不同的角色。在农业社会时代，城市只是单纯的物质聚集和大众消费的场所中心。工业社会时代，工业生产是这一时期城市经济生活的主旋律，因而城市是工业生产和商业交易的中心。而后工业社会的到来，工业生产开始退居其次，城市的主要经济生活开始围绕服务业展开。随着综合实力的增强、景观环境的改善和配套设施的完善，一些城市具有了管理、接待、集散和休闲娱乐的功能，对旅游者构成越来越强的吸引力，城市逐渐成为旅游活动的主要目的地。旅游业在城市中的职能地位逐渐提升，旅游经济在城市经济中的比重不断提高，量变引起质变，最终旅游上升为城市的主要职能，便出现了旅游城市。

关于旅游城市的定义，学术界并没有形成统一的结论。综合各学术观点，旅游城市的特征要素主要有六个方面，丰富的旅游产品（人文、自然）；旅游产业及第三产业发达，对关联产业带动作用强；城市景观风貌有特色，形象鲜明，休闲游憩功能完善；城市设施有足够的接待服务能力；城市经济要素投入倾向于旅游业，旅游配套政策与管理体系健全；城市在区域旅游市场上有鲜明的形象和知名度。

三、新常态下旅游城市的变化趋势

1. 景区依赖型向体验休闲型转变

对于旅游城市的特征，Mullins 认为旅游城市不像 19 世纪末 20 世纪初的工业城市那样以工业、生产、商业和居住为主要功能，它的主要功能是消费，是为消费建立的。据此，旅游城市的功能会依据消费方式的变化而变化。根据国际规律，当人均 GDP 达到 2000 美元时，旅游将获得快速发展；当人均 GDP 达到 3000 美元时，旅游需求出现爆发性增长；当人均 GDP 达到 5000 美元时，步入成熟的度假旅游经济、休闲需求和消费能力日益增强并出现多元化趋势。单纯依赖景区景点收入的旅游城市发展模式已经难以满足游客的消费需求，而能够带来参与互动、休闲度假等高品位、深层次、复合型体验经历的旅游城市，将会成为新的发展方向。此外，新常态下市场竞争已逐步转向质量型、差异化为主的竞争。要想在竞争日趋激烈的旅游市场占据领先地位，挖掘文化内涵与特色、为游客留下印象深刻的体验感受，将是旅游城市发展的重点。

2. 粗放扩张型向内涵挖潜型转变

中心城区在旅游城市中扮演着最核心的角色，一般是综合服务、消费、集散中心，甚至城区本身也是吸引游客之处。在传统规模速度型粗放增长的发展模式下，中心城区旅游功能的打造通常是以在新城新区中安排高尔夫、度假区、主题公园、高档公寓、大型商旅休闲街以及旅游综合体、城市综合体等功能空间，且盲目追求其建设规模、速度、布局和档次。粗放的外延式建设往往超越了市场的实际消费能力或高估了潜在的消费能力，结果综合效益不佳，造成投资浪费；而且忽视了城区环境品质的提升、历史与地域文化的保护与传承、城市功能的完善，导致城市"千城一面"毫无吸引力。

3. 政府主导型向政企合作型转变

转变政府职能是深化行政体制改革的核心，实质上要解决的是政府应该做什么、不应该做什么，哪些事该由市场、社会、政府各自分担，哪些事应该由三者共同承担。确切提出市场在资源配置中起决定性作用。放开市场这只"看不见的手"，用好政府这只"看得见的手"。新常态下，旅游城市由景区依赖型向体验休闲型转变，业态的多元与复合需要靠市场的培育，相应地，政府需转变职能，关注点不只是景区景点的建设与管理，要有所为有所不为，把服务而不是管制作为工作重心，创造更好的市场竞争环境，形成与企业合作的创新机制。

四、面向旅游城市的规划局限性

目前，与旅游城市关系比较紧密的是由旅游主管部门主持编制的城市旅游发展规划。但城市旅游发展规划主要侧重旅游产品的规划，从旅游发展的角度对城市的住宿、餐饮、购物、娱乐等公共设施，以及道路交通等基础设施的发展与布局提出规划对策，对于旅游城市总体的发展方向与定位缺乏统筹考虑。

　　而城市规划针对旅游城市的发展策略，主要停留在传统的空间特色形象、城市景观系统、道路交通规划等方面，缺乏根据新常态下旅游城市的变化趋势进行的创新性引导。

　　新常态下，旅游城市向体验休闲型、内涵挖潜型、政企合作型转变，而目前旅游城市的发展策略依旧遵照传统规划的既定动作。

第 三 章　新型城镇化与文化消费

伴随我国国民经济的飞速增长,城镇化建设水平得到了显著提升,人们的生活水平也得到了明显提高,人们的消费需要也有所改变,开始注重文化消费。基于此,本章对城镇化与文化消费展开讲述。

第一节　城镇文化消费的基本内涵及其研究

一、城镇文化消费的概念解析

作为社会经济活动中的一个重要环节,消费在不同的历史阶段和社会经济制度中,扮演的角色和发挥的作用都存在很大差异。在市场经济环境中,消费既是社会生产的目的,也是经济发展和社会进步的重要推动力,是生产、交换和分配的出发点和立足点,只有消费才是评价和实现产品价值的最终环节。

根据国家统计局《城镇住户调查方案》规定,从城镇居民消费支出的角度进行分类,城镇居民文化消费是指用文化产品或服务来满足人们精神需求的一种消费,包括了文化娱乐用品消费、文化娱乐服务消费、教育消费等方面。文化消费是指人们基本生存需求得到满足后,为满足发展需求和享受需求而进行的消费。包括人们为获得信息、知识及审美,以求得素质的提高、精神的愉悦、身心的健康而进行的消费。文化消费的内容十分广泛,既包括对文化产品的直接消费和服务,比如书籍、电影电视节目、电子游戏软件、报纸杂志的消费和接受教育、旅游服务等,也包括为了消费文化产品而必备的各种物质消费品,如电视机、照相机、影碟机、计算机等,此外还需要各种各样的文化设施,如图书馆、展览馆、影剧院等。

文化消费是生产力发展到一定阶段的产物,是人们为追求更高层次的需求而逐渐产生的消费方式。文化消费的变化在一定程度上反映了居民生活消费的水平,也反映出了社会发展的程度与速度。文化消费是城镇居民家庭消费的重要组成部分,文化消费作为文化产业链上的终端环节,既是文化产业发展的现实基础和动力,也是文化事业、文化产业发展的目的。城镇居民文化消费是指城镇居民在文化学习、艺术享受、娱乐休闲等活动中为获得科学知识、精神享受、艺术熏陶、心理满足而实施的消费行为。

二、城镇文化消费的基本特征

1.具有习惯性、继承性的特点,它是在继承传统文化的同时吸收外来文化。

2.具有某种"模糊性",表现为"提供"和"享受"有时不可分,"继承"和"创造"不可分,有些内容的文化消费的结果要经历漫长的时间,在短期内不易显现等。

3.需求的弹性大,消费空间和容量巨大,与人们的价值观、审美观及兴趣爱好紧密相连,并与之发生多重的相互影响关系。

4.与经济发展、物质生活和物质消费密切相连,并有某种递进关系,即以经济的一定程度的发展为前提。

文化消费体现出巨大的经济价值,是一个国家重要的经济增长点。随着居民物质生活水平的提高,文化消费支出不断增多,所占比重也逐年提升,对于促进文化产业发展、推动我国产业结构优化升级以及提高国民素质发挥了特别重要的作用,已成为文化产业的重要组成部分之一和第三产业的一个新的经济增长点。可以预期,未来我国居民文化消费将在丰富群众文化生活、增加就业人口、优化投资环境、促进经济发展和推动社会进步等方面继续发挥出重要作用。

第二节　我国城镇化过程中文化消费状况与影响因素

随着中国经济的快速发展和城镇居民收入水平的不断提高,居民的消费范围也不断扩大,消费水平和消费结构都发生了巨大的变化。在提升传统物质消费层次和改善物质生活质量的同时,文化消费在城镇居民消费结构中所占的比例正迅速增加,对旅游、教育、休闲娱乐等文化消费的需求显著增长。

一、城镇居民家庭人均文化消费支出逐年增加

文化消费的出现是经济和社会发展到一定阶段的产物。对于追求消费方式多样化的城镇居民而言,尤其是追求时尚前沿的居民,文化消费已成为一种趋势。文化消费的发展日益多元化、丰富化。

二、文化消费支出在消费结构中的比例仍然偏低

城镇居民文化消费支出在数量上呈现绝对上升趋势,与此同时,居民的整体消费也呈现上升趋势,但是当考虑相对数量时,居民的文化消费水平情况就有所不同了。文化消费在城镇居民人均消费结构中的比重始终偏低,没有实质性的突破,而且近年来呈现的是下降趋势。不仅

如此，与发达国家文化消费情况进行比较可以发现，我国城镇居民文化消费仍然存在文化消费规模偏低、文化消费总量不足、文化消费结构欠优化等问题。

三、文化消费城乡差别显著，区域发展不平衡

尽管我国人均文化消费城乡比全都呈现出增长态势，但我国区域经济发展不均衡导致的区域文化消费极不均衡现象分外严重，城乡之间的文化消费需求差距也越来越大，同期全国城镇人均文化消费增长远远高于乡村人均文化消费增长。

城镇人均值总增长高达乡村人均增长的 3.47 倍，城镇年均增长幅度高出乡村年均增长 8.51 个百分点；城镇人均值总增长高达乡村人均增长的 1.69 倍，城镇年均增长幅度高出乡村年均增长 2.67 个百分点。全国文化消费需求增长的城乡差距显而易见，这无疑表明，城镇与乡村之间增长严重失衡，原因确实在于乡村增长明显乏力。不过城镇与乡村人均值增长差距没有总量增长差距那样巨大，说明城市（镇）化进程在城乡总量增长的差距上产生了显著影响。

四、教育消费占比突出，文化娱乐消费稳步上升

文化消费的内容繁多，每个人的偏好和兴趣不同，因此会选择不同的消费活动，在众多文化消费支出中教育消费所占比重较大。教育消费的比重过大就会挤压其他文化消费的比重，不利于文化消费结构的合理化发展。这也说明了城镇居民对文化产品的消费还是偏向于"实用型"。城镇居民在面对快速的生活节奏以及激烈的竞争压力时，十分关心自身和下一代的教育问题，所以将较多的支出用于教育消费，从而挤占了其他文化消费的份额，导致教育消费比重较高。

通过对文化消费内部结构的解剖，我们发现，居民文娱耐用消费品消费在文化消费中的比例随着收入的增加呈现"倒U形"的变化规律；城镇居民文娱服务消费在文化消费中的比例随着收入的增加则呈现"U形"的变化规律。这是文化消费在消费升级中变化的主要原因，其中文娱服务消费将主导文化消费的长期变化。文化消费的增长预示着文化产业具有一定发展潜力，尤其是文化服务业。

从我国具体情况上来看，城镇居民的文化娱乐消费不但在绝对值上逐年增长，而且在文化消费中所占的比重也呈现逐年上升的趋势，而且与教育消费之间的差距正在逐步缩小。之所以会这样，是因为随着多媒体、互联网和数字技术的兴起，文化产品传播方式发生了新的变化，进而引发了文化消费方式的变革，从而大大刺激了城镇居民对手机、MP3、PSP 掌上游戏机和数码相机等文化娱乐用品的需求。与此同时，伴随互联网的发展与手机功能的更新换代，通信运营商与 SP 和 CP 提供的彩铃、图片、报纸杂志订阅等无线增值服务与网络游戏以及网络视频音乐下载服务等，也大大拓展了文化消费的内容范围。此外，近年来，我国

大部分省市都将进一步完善城市的文化功能并且纳入到城市发展的规划之中，加大了文化基础设施的投资力度，新建了一大批图书馆、博物馆、艺术表演场所、文化馆和艺术馆等公共文化设施，从而拓宽了城镇居民文化娱乐消费的渠道和途径。

五、文化产品供给不足，消费能力偏低

国家财政收入增加 21%，城镇居民人均可支配收入增长 11%，农村居民人均纯收入增长 15%，而图书出版总印数仅增长 2%，电视节目制作时间仅增长 3%，文化产品的增长远远滞后于社会经济的发展，并且普遍存在价格过高、质量偏低，公共文化产品稀缺等问题。民族地区尤为明显，如内蒙古自治区虽然经济发展速度，连续 7 年居全国之首，但是文化产值却只占 GDP 的 1.05%，不仅远远低于发达省市 5% 的平均水平，也远远低于全国 2.8% 的平均水平，形成文化发展与经济发展间的"跷跷板"现象。文化产品服务的"短缺"在很大程度上抑制了文化消费潜力的释放。

同时，文化的经济特性决定了文化消费活动是一个经济运动的过程。文化消费活动受市场经济价值规律作用，文化消费总量和结构受到消费大众的收入水平及其收入分配制约，而我国市场机制并没有成熟，人均 GDP 水平不高，最终消费占 GDP 的比重和居民消费率仅为 51.1% 和 38.2%，地区经济发展、人们收入水平不平衡，社会保障不健全，教育支出过大，价格结构不合理，加上消费结构和消费支出的惯性以及边际效用递减，约束着消费量的扩大和消费结构的变化。文化市场、文化消费还处于发育初期，居民文化消费支出偏低、居民文化消费预期偏低、户外文化休闲时间偏少。

六、公共文化基础设施欠缺制约文化消费增长

在国家的高度重视下，在财政资金的带动和引导下，各级政府对文化建设的投入力度逐年加大，公共文化设施建设总体呈现健康向上、蓬勃发展的良好态势，日益成为推动社会主义文化大发展大繁荣的重要引擎。根据统计可以知道，十年间全国竣工公共文化设施（这里所说的公共文化设施，是小文化的概念，主要是指各级文化行政部门及其所属单位的设施，不包括新闻出版、广电这些系统的文化设施）项目共 32854 个，其中公共图书馆 1128 个，文化馆 1279 个，乡镇综合文化站 30238 个，公益性艺术表演场馆 209 个。竣工项目总面积 2448 万 m²，项目总投资约 480 亿元。但是，当前居民对公共文化消费设施的满意度及参与率等方面还有一些不尽如人意的地方。

基础设施总的投入不足。据原文化部的统计，文化事业费占国家财政总支出的比重，一直在 0.4% 以下且不断回落。文化事业费占财政支出的 0.36%，是改革开放以来的新低。2010 年我国文化经费支出 525 亿元，也只占全国财政支出的 0.59%。文化事业费年均增长速度低于同期财政支出的增长速度，更明显落后于其他社会事业费，文化与其他社会事业的

差距被迅速拉大。

为切实做好《全国地市级公共文化设施建设规划》(发改社会〔2012〕72号)(简称《规划》)的实施工作,及时掌握规划项目进展情况,原文化部财务司会同国家发展改革委社会发展司、国家文物局办公室于2013年1月建立了《全国地市级公共文化设施建设规划实施情况季度监测报告制度》,对纳入《规划》的532个地市级公共图书馆、文化馆和博物馆建设项目的建设情况进行监测。根据监测结果,纳入《规划》的地市级公共图书馆、文化馆和博物馆建设项目中,已开工建设项目142个,占规划项目总数的26.7%;未开工建设项目390个,占73.3%,其中已经启动前期准备工作的项目164个,占规划项目总数的30.8%。根据各地建设情况来看,全国地市级公共文化设施建设工作已全面展开,各地的建设热情十分高涨,不少地方政府都将地市级公共文化设施建设项目纳入当地为民办实事工程,从项目审批、配套资金安排等方面均给予了倾斜,但是由于预算内补助资金拨付总量偏小、速度较慢,已经严重影响了项目的施工进展。

第三节 文化消费对于我国新型城镇化的拉动作用

一、文化消费与城镇化发展的关系

根据发达国家的发展经验和现代经济发展趋势,当人均GDP超过1000美元时,社会将会对农业初级产品和工业消费品以外的产品产生新的需求,人们对文学、艺术、教育、科学等方面的支出和消费活动将大为增加,文化消费需求将进入增长期。目前,我国正处于消费升级的过渡期间,即城镇居民在家庭收入达到一定水平后,已从原来的满足于基本生存需要的低层次消费向高层次消费升级。

美国经济学家罗斯托认为,人类社会发展大致将经历六个阶段:"传统社会""为起飞创造前提阶段""起飞阶段""成熟阶段""高额群众消费阶段""追求生活质量阶段"。各个国家发展都会按照各自的特点和条件,由低级阶段向高级阶段过渡。"追求生活质量阶段"是世界各国最终将会达到的目标,是"工业社会中人们生活的一个真正的突变"。罗斯托认为,进入"追求生活质量阶段"之后,在文化教育、医药卫生、旅游和疗养、住宅建筑、城市改建等部门中就业的人员越来越多,这些部门在国民经济中的重要性越来越突出,人类历史上将第一次不再以有形产品数量的多少来衡量社会的成就,而是以"生活质量"的增进程度作为衡量社会成就的新标志。当人们最基本的衣食住行得到满足之后,各种文化消费便会成为生活中不可或缺的一部分,人类将致力于提高自己的文化消费水平和生活质量,文化产业和文化消费进而将得到极大的发展。这是当代世界经济社会发展中经济文化一体化的发展趋势。

文化消费是城镇居民消费的重要内容,由于文化消费主要是对精神文化类产品及精神文化性劳务的拥有、欣赏和使用等。因此,文化消费与物质消费有着根本性的区别。文化消费的实质是对社会及他人提供的物质形态以及非物质形态的精神财富的消耗。从产业价值链角度来分析,文化消费是文化产业链上的终端环节,既是推动文化事业发展和繁荣文化产业的目的所在,也是文化产业的发展动力和现实基础。从文化消费数据的变化上既可以看出居民生活消费的质量和精神文明水平,也可以反映出整个社会发展和科技进步的程度。当文化从一种高贵的精神产品逐渐步入到普通大众的日常生活消费中时,意味着整个社会的文明程度、精神气质和价值取向都向前迈进了一大步。因此,促进城镇居民文化消费已经成为发达国家刺激经济发展、扩大国内需求、推进产业结构升级、提高国民素质的重要手段之一。

二、文化消费对于我国城镇化发展的作用

大力促进城镇居民文化消费对于优化我国产业结构和促进经济增长方式转型有着极其特殊而重大的意义。"口红经济"理论和发达国家经济发展经验表明,经济危机的到来往往会促进文化产业的快速发展,刺激文化消费需求的增长,带动整个文化市场的繁荣发展。如爆发的全球性经济危机给美国文化产业带来了巨大的发展契机,美国好莱坞和百老汇的崛起就是一个最好的证明。美国次贷危机引发的全球性金融危机的到来,我国经济发展方式的转型在被动中开启。我国依靠投资驱动的传统经济增长方式面临转型,依靠高能耗发展的产业结构面临优化升级,而富含创意、以高科技附加值作为支撑的文化产业的发展迎合了这一时代发展的需求,文化产业将成为促进国民经济发展的重要推手。我国经济也将逐步跨入一个从未有过的发展阶段,经济发展过程中的投资与消费、贸易与内需之间将逐步得到优化与平衡。

调查资料显示,改革开放40多年来,随着我国经济持续快速的发展,我国正在由原来的短缺经济时代迈向饱和经济时代,与之相适应的是,城镇居民消费结构正在由生存型消费向享受型、发展型消费升级。由于我国城镇居民在食品、衣着、家庭设备用品等方面的消费增长已趋于饱和,居民在文化方面的消费支出呈现出快速上升的趋势,文化消费已经成为21世纪以来我国城镇居民的消费热点。根据相关研究表明,城镇居民文化消费数量与消费需求质量的提高,不仅有助于居民生活质量和整体素质的提升,而且有助于文化产业的繁荣以及文化生产力的发展。因此,在我国经济增长方式面临转型、产业结构面临优化升级的当前,加强对文化消费的研究,有着极其重要的意义。

其意义在于,中国的经济实力和科技实力将大大提高,中华民族的文明程度将显著提升,国际影响力将明显增强。中国的城镇化进程不仅是物质财富急剧增加的过程,也是文化文明发展的过程。广大农村人口向城镇迁居,是几亿人口生产方式和生活方式的根本性转变。中国城镇化发展的根本性社会转型,迫切需要提高人们的文化消费水平。

从现实发展状况来看,中国文化产业发展虽然较晚,但文化消费需求旺盛、增长很快,文

化产业发展空间广阔，文化市场潜力巨大。作为文化产业链上的最终环节和促进居民消费结构升级的重要力量，文化消费对于拉动文化生产、提高国民素质和推动我国产业结构的优化升级有着十分重要的意义。随着经济的发展，在很多大城市里，文化消费已成为中国最终消费的重要内容，在新型城镇化发展进程中，提高文化消费需求的空间广阔，为中国文化产业的发展提供了有利时机。中国市场经济体制的完善将进一步改善文化产业发展的体制环境、政策环境和市场环境，文化产业的发展将不断获得新的推动力。打造"中国经济升级版"的关键之一在于扩大内需，扩大城乡居民文化消费是文化产业发展的动力和最终目的，更是扩大内需的重要组成部分。中国文化产业的发展不仅会成为新的经济增长点，而且会在经济结构的战略性调整中扮演重要角色，在国民经济和社会发展的整个系统中，对于拉动内需、促进增长和推动社会全面发展方面将会发挥越来越重要的作用。

（一）文化消费对经济持续增长有促进作用，是社会文明的重要标志

随着经济的发展和居民收入的提高，城乡居民越来越追求生活的品位和档次，文化消费支出大幅提升，成为拉动消费需求增长无法忽视的因素。文化消费对于拉动居民消费增长、提升产业结构、提高居民素质具有重要意义。

文化消费在消费支出中所占的比重是衡量居民生活质量的重要指标。人们总是在满足基本生活需求后才会去考虑较高层次的文化需求，文化消费的水平又是衡量一个国家历史文化积淀、社会文化氛围和国民文化素养的重要标志之一。在当代中国，反映现实生活、展现民族精神和时代精神的文化产品越来越受欢迎，说明人们的社会参与意识日益增强，对社会主义核心价值体系日益认同。文化消费是一面镜子，能清晰地照映出一个社会文明进步的程度和状况。

（二）文化消费是促进社会经济发展、提高综合实力的重要途径

文化产业成为我国经济结构战略性调整和产业升级的一个重要选择方向，成为促进经济发展、调整产业结构、提高消费水平的重要手段。近年来文化消费需求旺盛，增长速度快，市场潜力巨大。统计数据显示，近年来文化产业的增幅超过同期 GDP 增幅，对经济增长的贡献率不断提升。预计文化消费将继续扩张，对扩大内需、促进经济增长发挥的作用将更大。

扩大文化消费，对扩大内需、拉动经济发展具有重要的促进作用，其增加值是 GDP 的重要组成部分之一。未来世界的竞争将会是国与国之间文化生产力的竞争，在综合国力竞争中，文化生产力的地位和作用将越来越突出。文化产业已成为 21 世纪核心产业。

（三）文化消费是提升居民综合素质的重要途径

文化消费的数量多少、质量高低、能力强弱，是评价国民综合素质的重要标准。良好素质的形成，要通过学习教育和实践锻炼。这些年政府加大了对公共文化服务的投入，免费看演出、看展览的机会越来越多，这本身也促进了国民素质的提高，有助于国民文化消费习惯的养成。发展文化消费，能够满足人们的精神文化消费需要，提高人们的消费质量，提高国

民的整体素质,对促进人的自由全面发展具有重要作用,扩大和满足人民群众的文化消费需求才能提高全民族整体素质。

三、新型城镇化对于文化消费的促进作用

世界各国城镇化发展经验和理论研究均明确表明,城镇化具有促进消费的积极效应。然而,我国城镇化与消费的关系并不明显,甚至会呈现出负相关,城镇化没有对消费起到应有的促进作用。造成这一现象的根本原因在于相关体制改革如户籍、社保、土地流转等没有同步跟上城镇化步伐,导致大量农民工由于体制原因不能真正融入城市,人口城镇化进程远远滞后于土地城镇化进程。因此,要更好地发挥城镇化对消费的拉动作用,必须大力破除现有体制机制障碍,加快推进户籍制度、社保制度和农村土地流转制度改革,在重点领域、关键环节上形成突破和进展,进而带动全局。

(一)新型城镇化有利于促进文化娱乐消费比重上升,推动整体消费结构升级

目前,新型城镇化建设已上升为国家战略。城镇化的难点和核心是真正实现农村进城人员从农民到市民的转变。新型城镇化把农民变为市民,必将会带来消费方式的转变和消费规模的提升,实现经济的服务化,文化、旅游、休闲、家政、美容等行业的服务水平将不断提升,享受型消费所占比重必然会不断提高,进而逐步实现消费结构的升级;新型城镇化将改善居民消费环境,逐步改变农村进城人员的消费行为,在劳动收入占比和人均收入增加的基础上,逐步提高边际消费倾向;城镇相对较好的社会保障体系,也有利于减少预防性储蓄,从而促进消费。根据相关测算,城镇居民消费水平是农村居民的 3.6 倍,一个农民转化为市民,每年将增加 1 万多元消费,我国城镇化每提高 1 个百分点,就可以吸纳 1000 多万农村人口进城,可以带动 1100 多亿元的消费需求。

(二)新型城镇化有利于推动文化设施基本投入,促进公共文化服务体系建设

新型城镇化将有利于推动全国各个城市根据城市功能布局和人员聚集情况,把文化设施建设纳入城市建设总体规划,通过加大财政投入、积极引入社会资本,新建、改造或迁建一批博物馆、图书馆、影剧院、美术馆、群艺馆和文化馆等文化设施,特别是要坚持高起点设计、高标准建设,打造城市标志性文化设施,使文化设施成为城市最具标志意义的建筑。要重视加强社区文化设施建设,根据文化需求实际,建成一批文娱、体育、博览等各具特色的文化设施,新建住宅小区应配套建设相应文化设施。要注重发挥各类文化设施的功能互补性,在空间布局上尽量形成聚集、照应、连带关系,打造辐射力强的文化一条街、文化中心区等城市文化核心区。新型城镇化有利于坚持以人为本,以更大程度上满足群众文化需求为己任,统筹兼顾不同城市人群的文化需求,维护群众基本文化权益,特别是关注城市未成年人、老年人、

农民工、残疾人、低收入家庭等社会群体的文化生活,采用政府购买、引入社会资本资助、补贴等方式,向这些特殊群体提供质优价廉的文化服务,满足他们的基本文化需求。

（三）新型城镇化有利于繁荣文化市场和发展文化产业,引导文化内容生产创新

庞大的农村居民在城镇化战略的推动下,将成为带动文化领域各项消费的新生力量。在农村工作会议上,更是重点强调了"有序推进农业转移人口市民化",并强调要在"收入倍增"进程中着力促进农民增收,农民收入增长要与城镇居民收入同步增长,并力争超过城镇居民。收入的增长以及在向城市生活方式及消费习惯的变化中,将极大地拓展影视、互联网视频、移动互联网等各新媒体领域的上升空间。

（四）新型城镇化有利于城市文化形象塑造,促进城乡统筹协调发展

所谓新型城镇化的"新"就是要由过去片面注重追求城市规模扩大、空间扩张,改变为以提升城市的文化、公共服务等内涵为中心,真正使我们的城镇成为具有较高品质的宜居之所。城镇化的核心是农村人口转移到城镇,而不是单纯地建高楼、建广场。农村人口转移不出来,不仅农业的规模效益发挥不出来,扩大内需也无法进一步实现。与传统提法比较,新型城镇化更强调内在质量的全面提升,也就是要推动城镇化由偏重数量规模增加向注重质量内涵提升转变。所以,加速推进新型城镇化进程,就是要加速形成以城市群为主体形态、以特大城市为依托、大中小城市和小城镇协调发展的新型城市体系,新型城镇化的体现是经济社会发展的和谐与协调。

第四节　促进文化消费与新型城镇化协调发展的对策

一、认识文化消费对城镇化的作用,提高文化消费能力

（一）提高人们的消费能力

要使人们不把追求物质享受作为第一甚至唯一的需要,要使人们能够从事各方面的消费活动,提高人们各方面的消费能力。正如马克思所说,一个人"要多方面享受,他就必须有享受的能力,因此他必须是具有高度文明的人"。当代城镇化发展,必须努力提高人们的科学文化水平和艺术修养,提高人们各方面的消费能力。

（二）把文化消费与学习科学文化知识结合起来

为了适应城镇化发展,人人都需要不断学习,从接受学校教育到继续教育,直到终身教育。在未来社会,学习不仅应当成为人的基本需要,而且也应属于人的一种享受。通过寓教于乐,把各种教育文化和娱乐活动与吸取科学文化知识结合起来。在物质生活资料不断丰

富的基础上,人们应把更多的"闲暇"用来进行精神文化消费,边娱乐,边陶冶性情,边获得知识,提高人的各种素质,积淀人的文化底蕴。

(三)注重文化消费的社会效益

文化能够满足人高层次的精神需要;文化能够感化人,通过精神领域塑造人、改造人进而成就人;文化作为社会群体认同感、依附感和归属感的载体和结晶,具有显著的公共性和代表性,是区别不同民族、国家和地区的重要标志。城镇化发展要加快文化产业发展,发展文化产业要把社会效益放在首位。离开了文化产业的社会效益,就根本谈不上经济效益的实现和增加。

(四)注重文化产业发展的知识创新性和创造性

知识和精神创新是文化产业的生命。离开创新,文化产业发展不仅会失去活力,也会丧失立足之地。文化产业的投入主要依靠的是知识和精神的创新、思维的创意和思想的突破,文化产品要突出新颖性、独特性和异质性。中国文化产业发展需要更加注重中国元素和民族特色,文化产品是民族的也是世界的,只有这样才能提高人们文化消费的档次,拓展人们文化消费的空间。

(五)注重文化消费与人的自由全面发展的结合

在现代消费社会,文化已成为一种重要的因素,知识与自然资源结合可以改善自然资源的稀缺性,人的消费应该以人自身为中心,实现人的自由全面发展。人的消费中除对物的消费外,教育消费、文化消费、生态消费将成为重要的组成部分。因此,未来社会的消费,应该是人的消费过程与人的自由全面发展过程的有机结合。

(六)注重文化消费的普适性

文化消费市场中的产品价格虚高制约着居民的文化消费,部分文化产品价格的定价主要针对高收入群体,将许多的中低收入群体拒之门外。由于这部分人群对文化消费的需求很大,但支付能力有限,可以通过发放文化消费补贴和发展文化消费信贷的方式,一方面刺激这部分人群的文化消费,发掘其文化消费潜力,另一方面拉动文化产业的发展。文化消费补贴主要针对两类人群。一是文化活动的组织者,以此激发组织文化活动的热情。二是文化消费者,通过公共财政和利用社会资金,成立文化消费专项基金,通过发放文化消费券的形式,让低收入的人群也能参与到文化活动中,分享发展的成果。三是政府财政应资助传统文化、先进文化消费和对外文化宣传,向基层、低收入和特殊群体提供免费文化服务,完善农村图书、通信、电视、培训等网络体系,释放农民、老人、农民工等群体的潜在文化消费需求。四是从国家财政的单一补贴向多元化补贴,如基金资助、企业资助等方式发展,积极调动企业和社会力量资助文化事业、投资文化产业的热情。

(七)加大公共文化设施的投入,提供高质量的文化消费设施

与发达国家相比,我国文化消费人口巨大,但公共文化基础设施薄弱。我国必须加大政

府文化建设资金投入力度。同时加强文化基础设施建设,要切实把公益性文化建设纳入政府社会经济发展总体规划之中,纳入重要议事日程、年度工作考核目标中,把公益性文化建设落到实处。要制定公益性文化服务设施建设发展规划,统筹安排、有序推进、保证重点、分步实施。如把重点场馆(如图书馆、博物馆、文化馆)和影剧院等公益性文化设施提前规划到位,并列入政府财政投入城市建设、完善城市功能的项目中,逐年加大投入。适当提高公共图书馆图书购置经费、群艺馆(文化馆)业务活动经费、博物馆文物保护经费、非物质文化遗产保护经费。

此外,还要挖掘出现有文化基础设施的潜力,提高文化基础设施共享率。鼓励民间企业投资文化基础设施建设,实施优惠财务政策,颁布相关法律和规定,保障文化设施投入者的权益。特别加大对民族地区的文化基础设施建设。要保证民族地区尤其是民族自治地区的每个地市州和县市,至少有一个艺术团体,并从国家财政上保障其人员和经费,解除其后顾之忧,使其能更多更好地服务基层和有更多的精力创作出思想艺术性强而老百姓又喜闻乐见的作品,丰富少数民族群众的精神生活。要进一步扩大民族地区特别是边疆民族地区的广播电视和通信网络的覆盖面,加强少数民族语言文字的图书、报刊、广播、影视的出版发行和译制、制作,切实解决山区、牧区和边疆地区少数民族群众看书难、看报难、听广播难、看电视难、网络通信难等问题,提高他们教育文化娱乐生活的品质,增强他们在社会主义祖国大家庭中的自尊心、自信心、幸福感和自豪感。

二、形成多元化文化消费结构,提高文化产品供给效率

高文化素养群体的文化消费观念更为科学、合理,对文化消费的认识更高,因此,文化消费的能力更强,对文化生活的标准和文化品位的需求也就更高,对文化消费更具有主动性。一是努力提高文化素养,选取正确的价值取向,通过加强家庭培养、学校教育、大众媒体宣传,建立科学合理的消费观,逐步形成科学、合理、自律的消费风尚和文化氛围。二是重视引导青少年、老年和农民工团体的文化消费观念,引导娱乐休闲消费为主向知识文化消费为主转变。三是通过文化教育和社会规范不断提高人们的文化素养,从根本上改变人们的文化消费观念,提高文化消费水平。

与此同时,应当通过各种媒体网络,教育、引导人们形成文化消费观念,使他们在日常消费过程中逐渐养成文化消费的习惯,从零消费到单一消费再到多元消费。由于城镇居民之间存在一定的贫富差距,针对不同层次和需求的消费者要推出不同的文化产品与服务。同时,对文化产品价格的制定也要规范化、合理化,可以通过引入宏观调控手段,利用财政税收政策合理调节,引导文化产品的生产及价格;还可以采取差别定价、票价补贴等方式,降低城镇居民文化消费的成本,促进文化产品的消费。

文化消费理念的形成是一个长期发展的过程,需要政府导向性政策的大力扶持和全社会的共同参与。各种宣传媒体是人们获得文化消费信息、丰富文化消费认知的重要途径,我

国公共媒体应该扮演好先进文化的传播者、文化消费品的广告者、文化消费的倡导者的角色，调动居民对精神享受和文化消费的欲望，为居民提供多方面的文化消费信息。同时，鉴于我国改革开放的大环境，我国主流媒体必须积极宣传健康和科学的文化消费观念，倡导和净化文化消费环境，不使文化糟粕有机可乘。

积极研究居民对公共文化产品的需求，了解新时期下居民文化产品消费动向，满足不同层级人群对公共文化产品的诉求。一方面，对现有公共文化产品供给现状进行研判，度量现有公共文化产品是否符合广大居民的文化需要，供给数量是否充足，供给质量是否满意，以此来评估现有公共文化产品供给绩效。另一方面，要改变现行公共文化产品供给"自上而下"的决策机制以及"供给什么、怎么供给都由上级部门说了算"的现状，建立起以居民文化需求为核心的表达机制，积极在不同人群中展开调查，了解不同层次的居民对公共文化产品供给种类、供给数量与供给质量的实际需求，由参与居民对所需要的公共文化产品进行投票表决，避免出现实际文化需求与有效供给脱节的低绩效状态。

三、提倡市场化经营方式，倡导区域差异化理念

党的十七届六中全会部署深化文化体制改革，强调以满足人民精神文化需求为出发点和落脚点，实现文化发展成果由人民共享。在社会主义市场经济条件下，所谓"需求"主要表现为消费需求，所谓"满足基本需求"主要通过满足消费需求来体现，包括最基本的衣食温饱需求也是通过消费得以满足，离开民生消费讲"基本需求"无异于刻舟求剑。社会主义市场经济体制的完善首先在于，这必须是一个完整统一的基本经济体制，全社会的一切生产活动和消费活动都必须要纳入其中，文化生产活动和文化消费活动也不能例外。我国目前公益性文化事业的运行依旧实行计划经济的原有模式，这就是"文化供给制"的体制原因，必然会导致现行量化标准、集中采购、政府补贴、统一配送的服务模式与群众多方面、多样化、多层次文化需求之间的矛盾难以克服。深化文化体制改革下一步的要务应当在于，必须要将公共文化服务完全纳入社会主义市场经济体制，国家和各级政府遵循市场经济规律提供公共文化服务。

从法理上来说，全中国同为一个国民经济体，全国各地同属一个单一制共和国实体，全体公民同属一个国民共同体。因此，例如北京或上海市民便能够享受到的公共服务、社会保障和工资福利，包括基本文化权利和文化民生需求的满足，应当自然推及全国各地全体城乡居民。尽快消除中国经济、社会、民生发展各方面的城乡差距和地区差距，实现"城乡一体化"和"区域均衡发展"。

在人文发展领域要民生至上，均衡优先，这必须成为文化建设与发展的基本原则，大力推进文化发展成果的城乡、区域均等共享，促成保障社会公平的必要体制和可行机制。政府有责任进行"取长补短"重大调节，财政的基本任务首先应是保证"城乡、区域协调发展"。国家应当通过加大转移支付的方式，支持中西部欠发达地区文化建设，保障中西部人民群众的

基本文化权益和文化消费需求,保证硬件设施和软件保障不低于东部发达地区平均水平。

改善文化民生状况,提高低收入人群文化消费需求,不仅需要考虑国内物价上涨的影响和国际金融危机的冲击,还有必要反思历来的文化服务投入机制及其实际成效。除了必要的文化基础设施建设以外,凡是提供可移动产品和可选择服务类型的文化工作,比如各级文艺团队下基层、进社区、乡村电影放映等,乃至包括广播电视村村通、万村书库建设等,不妨采用类似"家电下乡"的"文化消费直补"的方式,对低收入人群实行"文化低保",针对不同文化产品和服务类别,按照不同补贴比例账面核算(以防现金挪用)至社区群众头上,结合基层自治制度,由社区居民集体自行计划、自主消费和自我管理,变"国家计划配给"(目前仅纳入生产统计)为"群众自主消费"(同时也纳入消费统计),也许还能够起到"以一当十"之效,撬动底层民众自行生发出来的更多文化消费,更有效地满足乃至提升低收入人群的文化需求。

四、提高文化产品质量,提高居民收入水平

我国悠久的历史和特殊的国情以及丰富的人文资源,使我国及本土文化与外来文化、传统文化和现代文化融于一体。按照市场经济作用规律,有机整合这些文化精华,大力推进文化产业化发展步伐,促进文化与经济的有机融合,调整优化文化产业结构,提高经济效益中的文化附加值和经济发展中的文化含量,不仅可以促进文化交流和传播,丰富文化产品,而且可以激发出群众的强烈创造热情,优化文化资源,活跃文化氛围。

文化管理体制的科学合理和文化消费水平与文化市场的繁荣息息相关。长期以来,我国文化资源由国家垄断,文化产业的发展受到极大的制约。因此,改革文化发展的管理体制和领导方式,把具有面向市场能力的文化事业单位逐步改制为企业,把文化企业培育成为自担风险、自负盈亏的独立经营单位,进一步规范公益性文化事业单位,合理引导和积极鼓励社会力量投资和参与文化产业和文化事业建设,培育一批具有竞争优势的文化企业集团,向市场提供一批附加价值高的优质文化产品,使人们能享受到更多的文化服务。与此同时,规范文化市场,建立健全文化法律法规体系,做到有法可依、有法必依、执法必严、违法必究,使人们能在一个健康有秩序的市场环境中进行健康消费。

具体而言,一是健全文化法律法规和政策体系。创新管理手段,综合运用法律、经济、行政、技术等多种手段,实现科学管理、依法管理。二是完善公共文化服务的提供方式和内容。以科技创新为动力,实施文化与科技融合促进工程,通过国家文化科技提升计划和文化科技创新项目,研发一批具有自主知识产权的核心技术,推广一批高新技术成果,提升文化行业技术与装备水平。三是营造有利于创新项目成长的文化氛围。增强社会各界参与文化创新的自觉性和主动性,加快构建有利于全面提升自主创新能力的体制机制。鼓励文化产品原创,提升文化创意水平。

城镇居民文化消费能力的高低与人们的经济收入水平密切相关。作为文化产业链上的

终端环节,文化消费遵循经济运行的基本规律,文化产品生产能力和流通效率由人们的经济收入水平来直接决定。要想促进文化产业的发展和文化市场的繁荣,必须形成强大的文化消费能力和文化需求。只有大力发展城市经济,不断提高人民的经济收入水平,才能形成强大的文化消费能力,人们追求生活质量的愿望也就越发强烈,人民用来提高生活质量的文化娱乐休闲服务等非物质消费支出的比重才会越来越多。这种旺盛的文化消费需求最终作用于生产、流通、销售等环节,将促使整个文化市场的繁荣和文化产业的快速发展。

第 四 章 新型城镇化与创意城市

新型城镇化道路与传统的城镇化道路有很大区别，而且不能走传统粗放式的城镇化老路，这就需要创新发展方式、手段和路径，走出一条全新的发展道路。创意城市毫无疑问地正成为中国新型城镇化的重要选择。基于此本章对新型城镇化以及创意城市展开讲述。

第一节　新型城镇化视域下的创意城市

新型城镇化是资源节约、环境友好、经济高效、社会和谐、城乡互促共进、大中小城市和小城镇协调发展、个性鲜明的城镇化。而城市作为人类诗意的栖居地，独具特色的城市精神和品质正是人类幸福生活的精神诉求。世界城市化规律表明，一个国家城市化水平达到30%以后，将进入加速发展阶段。根据相关数据表明，中国正在进入城镇化快速发展的新阶段，随着城市化率的提高，对城市内涵式发展的要求也将越来越高。

一、创意是新型城镇化的动力源泉

恩格斯在《劳动在从猿到人转变过程中的作用》一文中明确提出了"劳动创造了人本身"这一伟大论述，而"创意"作为人的脑力劳动更加凸显人的创造性。"创意"因人而生，人类诞生伊始就开始了"创意"旅程，这也是人类区别于其他生物的重要特征。而直到后工业社会，"创意"才逐渐成了产业形态，成为产业发展的前提和重要驱动力量之一。而如今在市场经济和新经济（知识经济、信息经济、创意经济）的多元背景下，"创意"本身也升级成为一种产业。其中，以文化创意与科技创新相结合为特点的文化创意产业正蓄势待发成为世界城市转型升级的重要标志。随着世界城市现代化的加速推进，"创意"日益成为其发展的核心动力，亦为新型城镇化的崛起赋予灵魂、个性与永续动力。

在全球化发展的今天，伴随着钢筋混凝土的嘈杂声，城市正打破乡土藩篱的广袤土地，但我们如果秉持单一的现代逻辑发展城市，不注意城市自身的文化资源挖掘利用，就会使城市发展出现"千城一面"的同质化现象，从而逐渐失去竞争力。每个城市都有属于自己独特的文化资源，这种资源区别于其他资源的重要特征正在于它的独特性，如果巧妙运用，便可以成功塑造城市的形象，激发城市无穷的创意与活力，从而保持城市特质、塑造城市品牌。创新是创意城市区别于传统城市最显著的特征，发展思维和观念是现代城市获取竞争优势的核心要素，创意城市战略的基本理念就在于：它不仅视文化为价值观和生活方式，更将文化作为创造性表达的手段，为创意提供成长的沃土，为创意城市的构建提供发展动能。创意城市即是一种以创新理念推动城市发展的新战略，它倾覆了城市发展的传统逻辑，拓展了城市发展的新视野。

根据十八大报告精神，城镇化未来将成为中国全面建设小康社会的重要载体，更是撬动内需的最大潜力所在。快速发展的新型城镇化，正在成为中国经济增长和社会发展的强大引擎。但是受到人口、环境资源等各种因素制约，中国将很难重复西方国家以往的城市化模式。因此新型城镇化必然不能因循传统粗放式的城镇化老路，而是需要创新发展方式、手段和路径，走出一条全新的发展道路。特别需要指出的是，当前和未来一个时期的城镇化不只是实现公共服务的均衡发展，而且在城乡规划和发展方面还要有属于自己的创意和特色，这需要借助文化创意产业来实现，通过强化文化底蕴和内涵，打造创意化的新型城镇。

新型城镇化离不开自己的独具特色的创造力。身处比邻乡村的新型城镇担负着示范、引导、科教人文、生态环保等多重功能，从城镇未来发展着眼，立足本地实际，坚持统筹规划、科学布局，发展壮大区域产业尤其是重点发展特色产业。新型城镇化不但在风格上要有魅力，在产业发展上也要有自己独特的个性。城镇化的成败取决于产业支撑和产业创造力，没有强有力的产业支撑和创造力，一切城镇化都只能停留在口号和满墙的标语上。

随着改革进程的不断加快，我国经济发展与社会责任、文化保护、生态环保之间的矛盾日益凸显，为协调解决发展中的矛盾问题，必须要努力转变生产方式，用创意模式开辟新的发展道路。注重传统与现代的结合、艺术与创意的互动、文化与科技的融合、文化保护与社会经济的协调发展。利用所在区域的历史文化、民俗风情、自然风光等资源，开拓乡村旅游、生态农业观光与体验的生态人文旅游项目，通过实现资源有效配置，来促进城镇产业经济发展繁荣。同时，通过生态旅游项目寓教于乐，使人们逐渐形成新的生态伦理观、生态道德观，养成尊重自然、爱护自然、崇尚自然的良好社会道德风尚，为维护可持续的城镇生态系统起到更加积极的推动作用。

二、文化创意产业是新型城镇化的产业支撑

新型城镇化，将是一次重大理论和实践创新，是在改革开放 40 年积累的综合国力和经验基础上，再一次攻坚克难、继往开来的历史性跨越。

文化创意产业和新型城镇化建设都必然会将国家的创意经济带上一个新的台阶。然而，从文化创意产业和新型城镇化建设的历程上来看，文化创新需要被重新界定和阐述；在倡导文化大发展大繁荣的背景之下，新型城镇化建设战略关系到城市发展的转型问题，这与中央提出的转变经济发展方式的要求相一致，转变经济发展方式不是一个单纯的转变经济发展方式问题，而是要转变城市发展模式的问题。也就是说，单纯地处理经济发展方式，解决不好新型城镇化建设和可持续发展问题。现在一些国际上发达的城市都以文化的竞争力作

为下一步发展的战略目标,城市必须要在创意和文化领域增强实力。

第一,文化与科技两轮驱动是新型城镇永续创新的动力源泉。新型城镇化高度重视工业化、信息化、城镇化的互动关系和协调发展,成为新兴生产力的培育基地。文化创意产业将在新型城镇化的发展过程中起着举足轻重的作用,而文化产业的本质就是"创新"和"创意",无论是传统文化产业(如报纸杂志、广播电视),还是新型文化产业(如互联网媒体等),无不是把创新当成首要的驱动要素。文化产业对新型城镇化的贡献,将通过吸收数字化、智能化、网络化的成果,通过自主创意和创新的成果发展新兴业态,成为推动产业和城镇双转型的动力。

第二,文化创意产业是创意新型城镇的有力支撑。尽管各城市在创新文化发展与建设方面仍然有其自身的资源优势,但是这种资源优势还没有完全转化为竞争力优势,而把这种资源优势转换成竞争力优势的路径之一就是文化创意产业。除文化创意产业本身外,还要以文化创意产业支持和推进更为广泛的经济以及社会领域的创新。

第三,可持续的创新政策有利于新型城镇的文化构建。新型城镇化必须扩大社会各界参与和共享的资源空间、流通渠道,创造出更多平等的发展机会。要进一步大力发展文化创意产业提升城市软实力,应该重视创新与创新政策及其体系建设,建立更大力度的创新政策保障。文化创意产业要在推动新型城镇化的过程中,打造多层次、多领域的公共服务平台,为社会各界的广泛参与提供机会,让一切文化财富充分流动。

第四,创意化新型城镇要因地制宜。要建立集约、智能、生态、低碳的空间布局,必须使城镇的空间形态与可持续发展的要求相适应。文化创意产业与新型城镇化的相互推动,关键在于因地制宜,从发展集聚型的产业园区,到走向综合型的创意社区,再迈向共享型的文化城区。

第五,努力营造创意人才发展的有利生态。积极推进创意群体的壮大,需要具有适宜创意人才生存发展的优良生态,不仅需要集聚一批优秀的创意人才和经营人才,而且要重视文化创意产业相关人才的培养。新型城镇化注重城市空间拓展与农村人口转移及素质提升的协调发展,文化创意产业与新型城镇化相互促进,关键在于培育一大批文化创意产业的企业家和优秀人才,壮大文化生产力的主体。

创意城市也将进一步凝练新型城镇化的丰富内涵,新型城镇化将有效扩展文化创意产业,带动创意城市的实施与落地。新型城镇化和创意城市相辅相成、协同共进成为城市未来的发展趋势和方向。中国各省市的创意城市,一定是城市管理者根据城市的实质发展需求,对资源进行最优化的调配。围绕新型城镇化建设创意城市,将调动更多的企业资源投入到创意城市中,从而促进城镇化和创意城市协同创新。

三、科技创新是新型城镇化的核心驱动

诺贝尔经济学奖得主、美国经济学家斯蒂格利茨预言,"中国的城镇化与美国的高科技

发展将是影响 21 世纪人类社会发展进程的两件大事"。诚如此言，如果说第一次城镇化以
"工业科技"为特征的话，那么以一种更加绿色、更加文明的视角呈现而来的新型城镇化则
以文化科技为其典型特征，而创新的互联网等科技发展将成为新型城镇化的核心驱动。互
联网技术不仅带来了第三次工业革命和第四次传播革命，而且正在对社会、产业、企业以及
生活的底层架构产生根本性的影响。创新和创意不仅是互联网的灵魂，而且基于互联网的
活动已经成为创新和创意的主体，更为重要的是，创新和创意已经成为时代的主体和主流，
在这种情况下，新型城镇化道路就必须以"创意"为魂，配置自身的"创意基因"。大数据、物
联网、云计算、社交网络，这些名词过去听起来虚无缥缈，但这些技术手段今天已然是许多城
市出奇制胜的法宝，如同冷兵器遇到船坚炮利，除非你开的是一个藏匿于小巷的家传老店，
靠的是祖传的手艺，不求发展扩张、不求菜式创新，才可以多少忽视科技的作用。但是即使
是这样，社交网络上的口碑已经决定着巷子深处的生意。可以预见，在未来的新型城镇化进
程中，科技毫无疑问将会发挥更为巨大的作用。

　　具体而言，就是在一定程度上实现新型城镇化建设在互联网设施方面的超前布局，缩小
大城市和小城镇之间的信息鸿沟，在此基础上，提高运行效率和拓展新的市场和生活方式。

　　一是互联网成为开启民智的新平台。由于互联网采取的是"免费 + 收费"的商业模式，
我国事实上已经形成了新浪、腾讯、搜狐等巨型的准公共信息平台。由于这些平台的信息是
免费提供的，人们就可以通过这些平台，获取最新的信息，学习到最新的知识，掌握一定的技
能。在互联网普及以来的十几年时间内，得益于互联网，人们既普及了知识又开启了民智。

　　二是互联网技术可以为广大农民提供更具体验感的技能培训。如今，制约农民身份转
换的最大因素是实用技能的匮乏，而根本原因是师资水平的低下、培训方式的落后、实操工
具的缺乏等，而互联网可以通过在全国乃至全世界范围内共享优秀的师资，并利用可视化技
术、音频、视频等现代化培训手段，能够使得受培训人员实现身临其境的现实体验感，进而培
训出大量技能高超的、合格的产业工人。目前，网易、新浪等大型门户网站上都开设了公开
课频道，丰富多样的教学资源可以在很大程度上帮助自学者实现自身快速成长。

　　三是基于互联网的城镇化电子商务可以大幅度降低成本。电子商务可以从以下两个方
面助力城镇化建设：一方面可以使小城镇的产品市场和原料市场实现全国化乃至全球化，
极大地拓展市场空间和降低交易成本；另一方面可以通过网络购物在保持低成本的同时来
实现消费行为的个性化、多元化、便捷化。

　　四是互联网金融为新型城镇产业和创业者提供便捷的资金服务。小城镇发展离不开创
业和产业生态链，而这些都需要通畅的资金支持，但是在传统金融业态下，由于贷款者的商
业信息难以获得，金融机构普遍"嫌贫爱富"，这必然会导致处于初创期的企业和产业难以获
得稀缺的资金资源，更难以形成丰富、多元化的产业形态，进而城镇的发展也缺乏产业基础。
而互联网金融可以更为准确地掌握贷款者的相关信息，风险较小，更为重要的是阿里巴巴等
打造的大型电子商务生态系统能够为创业者提供更好、更多的消费者，在很大程度上助力新

的城镇尽快形成自己的产业生态。

五是分布式、个性化的资源供应设计为适应小城镇能源供应的智能能源网络建设提供支撑。在这种情况下,电力输送网络将会转变成信息能源网络,使得数以百万计自助生产能源的人们能够通过对平等网络的方式分享彼此的剩余能源,家庭、办公室、工厂、交通工具以及物流等无时无刻不相互影响,分享信息资源。通过创新性的能源供应系统的设计,能够真正实现"资源节约型、环境友好型"的新型城镇化发展道路。

此外,基于互联网的现代物流更为快捷,成本也更为低廉,这些都为城镇的产业发展和城镇居民的日常生活带来了极大的便利。

四、差异化是新型城镇化的创意路径

古希腊哲学家亚里士多德曾经说道:"人们来到城市是为了生活,人们居住在城市是为了生活得更好。"城市给我们的生活带来了翻天覆地的变化。城市的形成、发展改变了人类的生活模式和社会结构。城市让我们的生活更美好,人们享受着城市带来的繁华与便捷的同时,许多城市问题也日益暴露在阳光下。经历了以机械化大生产为特征的工业经济语境下的大规模和标准化的复制之后,大多数城市都存在着一个共性的问题,那就是"特色危机":城市失去个性,城市的独特魅力和多元文化正在被呆板僵化的"模式"所代替。城市历史记忆的断代、城市特色的模糊、城市文化产品的滞后是现代城市个性丧失的重要表现。城市有产业而无生活,有生活而无品质;传统的共同体日益瓦解,邻里生活渐趋消失,进而导致人际隔膜、阶层隔膜、人心隔膜,社会信任难以建立;青年人缺乏信仰支撑,社会缺乏共同伦理。这些现象与工业化和市场化相伴而生,成为城镇化推进过程中的副产品。

"千城一面"是我国城镇化过程中广受诟病的一种现象。在相似的城市面孔中,看不到历史和文化对城市性格的塑造。城镇化不是简单造城,亦不能"千城一面",创意没有统一的模式,走"中国特色"新型城镇化道路,应该根据自身的特点来因地制宜选择自身的创意路径。由于我国地域广大,各地发展极其不平衡,如东部发达地区和中西部欠发达地区差距悬殊,资源充足地区和资源匮乏地区发展基础不同,这就要求新型城镇化根据自身的特点因地制宜地选择自身的发展道路。

我们的城市现在为什么没有个性?因为我们没有利用好自然资源,我们的人文资源没有集中起来,我们也没有创造性地去打造我们的城市。在创意城市建设过程中,人们的思路首先要清晰明确,充分地将自然的与人为的资源有机地结合,我们的城市才能够建设得更加美好。城市的灵魂,文化的创意,是城市建设过程中不可或缺的。自然资源与人文历史的完美结合,就是最佳城市的创意。

城市创意,目的还是为了改变人居环境,提升城市的知名度,提高城市的综合竞争力,使城市的发展永葆青春与活力。创意城市不一定指这个城市的物质化程度有多高。现实生活中,好的城市不一定是所谓城市化程度最高的城市。一个有创意的城市,应该是一个有生命力、有文化、宜居的、有趣的、有个性的城市。

城市，是人们共同的家园，生活在这个家园中的人们都应主动思考：作为一个有思想的城市、有文化的城市、有传统的城市，它的未来创意何在？一座城市如何永葆青春，才会是一座永不衰败的城市？一座城市要有创意，一方面应该有创意产业、创意企业；另外一方面城市要通过有形的创意建筑营造环境，使处于这个环境中的人们能够重新活跃起来，变成城市创造活跃的组成部分，这才是真正的创意，也是城市创意的终极目标所在。创意城市是推动文化经济、知识经济的关键。在创意经济时代，一座城市的竞争优势来自于能够迅速地动员这些人才资源把创意转化成新商业商品。因此，一座城市的优势在于能够吸引人才。通过创意产业的兴起向城市注入新的生命力和竞争力，以创意方法解决城市发展的实质问题，创意城市的建设则是未来城市发展的必然趋势。

创意，凸显的是与众不同，因而具有个性特色的城市才能称之为创意城市。如何体现一座城市的个性与特色？那就是一个好的定位和为完成这个定位而进行的创意。今天的人们已经开始厌恶冰冷的水泥森林，躲避僵硬的机器标准，改造毫无生机的城市街道。于是，被工业革命抛弃已久的"个性化"浪潮逐渐卷土重来，向往能够在更美好的城市中生活的人们推崇一种新的城市发展理念：用创意激活地方文化，用文化构建城市魅力，用魅力吸引高端消费要素和生产要素。创意城市实现了人与自然的完美自然和谐统一，人们生活在一座有着创意的城市里面，感受到的是生活的惬意和人类文化的源远流长，这样一座有创意的城市，才真正值得品味。

第二节 创意城市的内涵

《中华人民共和国国家标准城市规划基本术语标准》将"城镇化"定义为：人类生产与生活方式由农村型向城镇型转化的历史过程，具体表现为农村人口向城镇人口转化以及城镇不断发展与完善的过程。而城镇化在不同的国家和不同的时代背景下有不同的内涵。"创意城市"这个词，很容易被我们接受，很容易引发我们无穷的联想和对城市的想象，"创意"和"城市"两个词语的结合，将我们居住的空间当作一个故事和一件艺术品，拉近了我们与城市之间的距离。

一、创意城市概念溯源

"创意城市"是由英语 Creative City 翻译过来的，其核心词是"Creative"，其意义为"有创造力或想象力的"，英文 Create 指"创造出来原来不存在或与众不同的事物"。创意城市是在城市发展进入后工业化时代的背景下伴随产业转移、城市重生和创意产业兴起而出现的一种推动城市复兴和重生的模式，是着眼于文化、艺术创造过程中所表现出来的创造、创新能力的驱动力与活力进行城市规划并建立在消费文化和创意产业基础上向社会其他领域延伸的城市发展模式。

查尔斯·兰德利（Charles Landry）和佛朗哥·比安奇尼（Franco Bianchini）曾专门在《创意城市》一书中分析过，他们认为创意城市不仅是建筑道路方面的硬件设施，而是硬件和软件的结合。这些软件设施包括：高技能和高弹性劳动力；活跃的思想者、创造者和一些老牌大学；阐发个性的空间，以及应用于社会或经济目标的企业文化等方面。英国经济学家汤姆·坎农明确提出建立"创意城市"的模式，他认为城市不应该是冷冰冰的，更应该是个人释放创造力的舞台。坎农强调"创意城市"就是"人的城市"，是技术员、工程师、教师、艺术家、学者等，以及这些人的创意。

查尔斯·兰德利曾经在不同的场合对创意下过不同的定义，他认为，"创意是一种工具，利用这种工具可以极尽可能挖掘潜力，创造价值"，是"对一件事情做出正确的判断，然后在给定的情况下寻找一种合适的解决方法"。他认为"创意"就是用新奇的方法解决问题。在这个意义上创意城市是指对城市面临的问题（如交通管理、产业发展、城市生态、种族融合等）提出具有创造性的解决办法，并由此带来城市的复兴。比安奇尼等人认为："创意即全新的思考问题，是一种实验，一种原创力，一种重写规则的能力。"霍斯珀斯（Hospers）则认为"创意"的本质就是利用原创方法去解决每天出现的问题与挑战的能力。"创意"这个词语就像一株正在生长的植物一样，不断生长出新的枝条，词语本身便可以给人以丰富的想象力。

世界许多城市都把创意城市建设作为城市发展目标，制定发展战略，并将其纳入城市发展规划。如纽约提出了"高度的融合力、卓越的创造力、强大的竞争力、非凡的应变力"的城市精神；伦敦确立了"世界卓越的创意和文化中心"的发展目标；东京制定了"充满创造性的文化都市"的发展战略。亚洲的一些中心城市也开始了迈向创意城市之旅，新加坡确定了"新亚洲创意中心""全球文化和设计业的中心"的发展方向。2004 年 10 月，联合国教科文组织成立"全球创意城市联盟（The Creative Cities Network）"（以下略称"创意城市网络"），分设计、文学、音乐、民间艺术、电影、媒体艺术、烹饪美食等 7 个领域接受并批准世界各个城市的加盟申请，授予其相应的创意城市称号。其中，"设计之都（City of Design）"的申请城市最多，竞争也最为激烈，被授予该称号的城市在 7 个领域中也是最多的。目前，有 8 个城市获得了这一称号，依次为布宜诺斯艾利斯、蒙特利尔、柏林、名古屋、神户、深圳、上海、北京。获得联合国创意城市称号并不意味着创意城市建设已经完成，而只是表示被认可具有了建设创意城市的基础，并有资格在"创意城市网络"这一平台上展现城市自身的创意风采和创意成果，并与其他网络成员进行交流和分享。如何进行创意城市建设，持续保持所获得的称号，是每一个被批准加入"创意城市网络"的城市面临的课题。在深圳、上海之前获得联合国教科文组织"设计之都"称号的国外创意城市以及像伦敦、纽约、东京这样的国际公认著名创意城市，在其创意城市的发展过程中所表现出来的一些共同特征及其积累的经验,值得我国在创意城市建设中加以探讨和借鉴。

二、创意城市发展条件

世界城市学派的创始人彼特·霍尔在《城市的文明》中指出:"创意城市古已有之,城市是人类文明的结晶,文化诞生的摇篮,几乎人类所有的创造性成就大都与城市相关。"他分别对公元前 5 世纪的雅典、14 世纪的佛罗伦萨、莎士比亚时期的伦敦、18 世纪晚期和 19 世纪的维也纳、1870—1910 年间的巴黎以及 20 世纪 20 年代的柏林进行了历史性研究,探讨并归纳了这六座创意城市的共同特征:

第一,这些城市虽然具有较大规模差异,但它们均属于所在时代中的重要城市;第二,这些城市当时大都处在急剧的经济和社会变革之中;第三,这些城市都是大的贸易城市,并且除雅典以外其他城市在所在区域中都是最为富有的;第四,创意城市几乎都是世界性的,吸引着来自四面八方的人才;第五,人才的成长需要特殊的土壤,创意的城市环境是社会和意识形态剧烈激荡的中心;第六,这些城市的政策像磁石一般吸引着人才的移民和财富的创造者。

最后彼特·霍尔总结道:高度保守、极其稳定的社会,或者所有秩序已消失殆尽的社会都不是产生创意的地方。拥有高度创意的城市,在很大程度是那些旧秩序正遭受挑战或刚被推翻的城市。可以预见,创意城市应是一个给市民提供更多独特体验场所的文化空间。城市的文化资源不仅仅是一种独特的资产,而且能够对塑造城市精神、建立市民对城市的认同感以及形成城市自尊和社区精神都有着十分重要的作用。

三、创意城市研究概述

有关创意城市的研究有两本代表性的著作,分别是英国学者查尔斯·兰德利的《创意城市:城市创新的工具箱》和美国学者理查德·佛罗里达的《创意阶层的崛起》。创意城市并不是一个严格的学术概念,而是一种推动城市更新和再生的模式,它强调消费引导经济、文化生产以及城市规划的重要性。另外,关于如何理解创意城市的内涵,国际上主要有两种代表性观点较具影响力:一个是美国城市研究学者简·雅各布斯(Jane Jacobs);另一位就是英国研究学者查尔斯·兰德利(Charles Landry)及其研究小组提出的观点。此外,日本学者佐佐木雅幸则在概括上述两者观点的基础之上提出了一种对创意城市的综合性解释。近些年部分中国学者结合我国实际提出了构建中国特色"创意城市"的基本观念。

(一)美国学者创意城市关键词:灵活、创造性、自由修正

国民经济发展的前提是要转变经济发展模式,实现创意城市经济体系。她所关注的"创意城市"是像意大利中部的波洛涅、弗伦岑那样的集聚了拥有众多富于创造性、技巧和高质

量劳动者的专业化中小企业群的城市。这些中小企业的生产模式与工业化大生产模式相比完全不同，它们具有灵活性、高效率、适应性，拥有依靠创新和想象力进行经济的自我修正的能力，它们结成网络，依靠劳动者和工匠的高度熟练技术与灵敏感性生产出具国际竞争力的个性商品，这种生产模式是继工业化大生产体系之后出现的又一种新的生产体系。因此，简·雅各布斯理解的创意城市就是拥有脱离大生产体系的灵活而富于创造性的"自由修正型"城市经济体系的城市。

（二）欧洲学者创意城市关键词：人才、空间、网络

第二种具代表性的观点是以查尔斯·兰德利为代表的欧洲创意城市研究小组所发表的《创意城市》和查尔斯·兰德利所著《创意城市：城市创新的工具箱》所提出的关注创意城市政策体系的观点。他们立足于如何去解决欧洲随着制造业的衰退而出现的大量失业青年、传统的福利国家体系所面临的财政危机等问题，将目光转向了利用艺术文化所具备的创造力而挖掘社会性潜力的城市实践，认为创意是艺术文化与产业经济的媒介，艺术文化的创造性是解决城市问题的一种途径，城市的创意重要的是能够在经济、文化、组织、金融等各个领域创造性地解决问题并不断引发连锁反应从而导致原有体系具有流动性的改变。

兰德利认为，"创意城市"概念的出现，是由于依靠传统模式的城市再生失去了效果，城市必须吸引新的有才之士，而他们需要城市为其提供能够发挥创造力和想象力的环境，在这个环境中，软件基础设施与硬件基础设施同等重要，人们对于应对变化有充分的精神准备。创意城市建设就是为这样一些创新创造准备了必要的前提条件。要成为创意城市，就必须改变对创意、对事物的思维方式，创造性地思考，促进人与人之间的互动，建立超越工作范围的网络联系，培育宽容性，实行异文化共享，而不是仅仅停留于多元文化的相互理解。创意城市的本质就是培育、吸引、留住具有各种各样才能的人才，并允许失败，创意城市必须具有能够反映本地特色的城市品牌标识，拥有来源于本身所具有的地域特色的全球意识、多样性和宽容性以及想象力。查尔斯·兰德利还提出构成创意城市的基础需要七个要素，即个人特质、意志力与领导力、人力的多元性与各种人才的发展管道、组织文化、地方认同感、城市空间与设施、网络与组织架构。

此外，两位瑞典学者安德松和冈纳也得出了相似的结论，强调了"创意城市"竞争沟通和不稳定性等。

（三）日本学者创意城市关键词：创意、消费、场所、政策

日本创意城市研究者佐佐木雅幸在概括简·雅各布斯和查尔斯·兰德利观点的基础之上，提出了创意城市的定义：创意城市是基于市民创意活动的自由发挥，文化与产业均富有创造性，同时具备脱离了大生产体系的、创新性的、灵活的城市经济体系，能够创造性地解决全球性环境问题或区域性社会问题，拥有丰富创意场所的城市。此外，佐佐木雅幸还提出创意城市应具有六个要素：一是艺术家与科学工作者的创意，同时一线劳动者与手工艺工作

者也需要开展创意活动；二是一般市民要具备能够享受艺术文化的充裕收入和自由时间；三是具备各种大学、技术学校、研究所和剧场等充足的文化设施；四是环境政策是城市发展政策的重要组成部分之一；五是城市发展政策要考虑经济与文化平衡发展；六是在城市综合发展政策中创意文化政策占有一席之地。

　　佐佐木雅幸对创意城市的定义及其所总结的创意城市的六个要素，简明扼要地给出了创意城市区别于其他城市的内涵特质和建设创意城市的必要条件，为我们理解创意城市的内涵与特征提供了一个较为清晰的轮廓。实际上，他所提出的六个要素，包含的是创意及创意活动、创意产品的消费市场、创意人才的培养场所和文化创意设施等创意空间以及城市发展政策四个方面，这也正是我们建设创意城市所应关注的。

（四）中国学者创意城市关键词：公共政策、文化体验、社会网络

　　"创意城市"概念主要源于国外等学者的研究，他们对创意与城市发展，创意城市的内涵、构成要素、类型、评价及公共政策作了深入研究。国内对创意城市研究的起点和重点，与国外有较大的差距。而如今，国内学者鲜有人为"创意城市"提出清晰定义，大都沿用了查尔斯·兰德利与佛朗哥·比安奇尼合著的《创意城市》的界定与爱兰·斯各特在《创意城市：概念问题和政策疑点》一文的相关阐述，并认为"创意城市"是伴随西方发达国家1980年以来去工业化过程中出现的一种城市发展理念。有部分学者认为"公共政策、文化体验、社会网络"是创意城市的主要发展路径，从创意城市建设的三大推进主体，即创意者、消费者、管理者形成合力的角度进行路径设计，覆盖了包括创意的形成、创意的转化和创意的消费三个环节，旨在营造出具有综合功能的创意磁场，从而通过构建完整的城市创意产业链，实现城市的整体创新。什么是"创意城市"，至今虽然并没有具体定义，不同学者对于"创意城市"的关键因素，也有着不同的解释。"创意城市"的内涵也是随着时代发展不断变化，为重构城市发展路径、寻求创意城市建设提供突破口。

第三节　创意城市的类型

　　科技一日千里，正促使世界快速变化，朝着一个"地球村"方向发展。"地球村"并非意味着城市的消亡，而恰恰相反的是，拥有足够活力与创新能力的城市，则更加自如地掌控未来。特别在欧洲的城市，为了不在竞争版图上被对手击败，正积极努力增强城市自我更新力、竞争力，运筹精明增长且独具创造力的发展策略，朝着建设更具竞争性的、创意化城市方向迈进。什么样的城市才是创意城市？如何辨识？学界众说纷纭。

　　彼特·霍尔曾明确指出拥有创意产业并不必然意味着创意城市的形成。经济地理学家安迪·普拉特也认为，一座拥有创意产业的城市并不能简单地等同于创意城市，是否成为创意城市的关键在于这座城市是否能够为创意产业提供长期可持续发展的环境氛围。也就是

说要在发展创意产业上有持久性,不单单是要有现有的创意产业,也要求有消费市场、生活方式等软件支持和基础设施、活动设施等硬件支撑。发展创意城市的真正意义在于对城市的重新思考,更新社会发展模式,推进城市的可持续发展。

目前关于构成创意城市的要素还没有统一的说法,但是无论是哪种说法都强调了创意环境的重要性。所谓创意环境简单地说就是指一个城市的创新氛围,是城市的市民集体参与的创意空间。市民在其中共同合作,并在合作过程中提出新的想法。创意环境不单单只是一个文化概念,也有其经济含义,它更多地表示出对于城市内部的经济网络以及弹性的劳动力市场的依赖,强调城市信息网络的重要性。城市的文化氛围自然成为构建创意城市必不可少的组成部分。

城市只有在具备了自由的人文氛围、多元的文化特质和独特的城市个性以及便利的经济网络的情况下,才能谈及构建创意城市。构建创意城市首先要加快城市基础设施的建设和改造,提高城市生活质量,满足创意阶层对城市便利性的要求。城市的公共设施不但具备服务功能同时也是城市个性的象征,在城市更新中还要非常注意对城市的历史加以保留和传承。同时要关注城市的便利性,城市小型的服务设施如咖啡馆、酒吧既是吸引创意阶层的因素也是城市文化的重要载体,在设计上要注重体现城市特性,在布局上要格外注意其便利性。

构建创意城市还要鼓励开展大众文化教育普及活动,帮助创意产品在市民文化生活中的广泛传播和大力发展,来营造整个城市的创意氛围,通过与消费者的良性互动,丰富消费市场。同时要关注各个创意企业之间的网络联系,努力营造一个迅速、通畅的信息网络和弹性高效的人力市场。

综合众多学者的研究成果,霍普斯进行了全面总结,归纳出创意城市集聚性、多样性、不稳定性的三大特征。霍普斯认为彼得·霍尔的研究说明创意城市是属于每个时代的一种现象,但没有一个城市总能永久呈现创造性的。

一、技术创新型城市

在历史上技术创新城市的案例,均是新技术发展的发源地或是技术革命的地方,通常是由一些深具创新精神的企业家,即约瑟夫·熊彼特所谓的"新人"(new men),创造出某一合作式、专业化与创新的氛围,通过创造既相互合作又专门化分工并具有创新氛围的城市环境而引发城市的繁盛。经典的城市案例就是底特律,亨利·福特等建立了美国自1900年以来汽车工业的基础。其他的案例如19世纪的曼彻斯特(纺织业)、格拉斯哥(造船业)鲁尔工业区(煤与铁)柏林(电力)。近代技术创新的城市,特别是被视为信息科技的"麦加圣地"——美国硅谷(旧金山与帕罗奥多市)与马萨诸塞州的剑桥。

二、文化智能型城市

文化智能城市的创造力形式不同于技术创新城市,从历史的角度而言,这类城市偏重于"软"条件,例如文学和表演艺术,通常都是出现在保守势力和具有创新思维的激进派相互对峙的紧张时期。主张改革的艺术家、哲学家、知识分子的创造性活动引发了文化艺术上的创新革命,随后形成了吸引外来者的连锁反应。其文化与科学的发轫,源自于思想交锋带来的社会张力,而艺术家、哲学家与智者在这世代的鸿沟中产生许多创意的响应,柔性的"创意革命"如同磁石一般吸引着外围人士,塑造该城市成为释放心智的场所。例如雅典是民主的摇篮,文艺复兴时期百花齐放的佛罗伦萨,如同17世纪的伦敦(歌剧)、巴黎(绘画)、维也纳(科学与艺术)与20世纪初的柏林(歌剧)都是文化智能城市的典范;就连生机勃勃的大学城如剑桥(英国与美国)、波士顿、爱丁堡等都是近代文化智能城市的代表。

三、文化科技型城市

文化科技城市是将前两者城市形态主要特征融合而成的城市,其中文化与科技是相辅相成的,这类创意城市兼有以上两类城市的特点,技术与文化携手并进,在过去已衍生成"文化产业"。例如,电影工业的美国好莱坞、孟买"宝莱坞"、音乐工业的美国孟菲斯市、时尚工业的法国巴黎与意大利米兰、新浪潮音乐的英国曼彻斯特、90年代多媒体工业的加拿大多伦多、现场音乐演奏的美国奥斯汀、娱乐与新媒体工业的英国汉堡市,以及2001年被选为欧洲文化首都的荷兰鹿特丹,部分原因是其拥有建筑与电影嘉年华。彼得·豪尔对本类型的创意城市在21世纪有更大的期许,他认为一个以科学技术之因特网与多媒体结合文化的城市,将拥有更远大的未来。彼得·豪尔也曾明确提出"艺术与技术的联姻",认为这种类型的创意城市将是21世纪的发展趋势,将互联网、多媒体技术与文化睿智地结合在一起,文化技术型城市将会有一个黄金般美好的未来。

四、科技组织型城市

人口大规模聚居给城市生活带来了诸多问题,因应大规模的城市生活所衍生出的问题,如城市生活用水的供给,基础设施、交通和住房的供应等问题,城市政府必须做出富于创意与智慧的解决对策。例如,罗马在凯撒大帝时期(引水渠桥),19世纪伦敦、巴黎(地铁系统),1900年的纽约(高楼大厦),战后斯德哥尔摩(耐用住宅),1980年伦敦(港区再造),巴尔的摩(城市更新)、安特卫普(港湾再造)、巴黎(地铁系统结合电车与轻轨、巴士系统)。相较于其他形态的创意城市,科技组织型城市主要是由政府与当地企业社群相助合作的创意工作模式,是在政府主导下与当地商业团体公私合作推动创意活动的开展,共同为城市建设助力,形成了"公私协力合作"的协同创新模式。

第四节 创意城市的构建要素

创意城市的发展大多关注三个层面,即有各种创意产业发展的机会,有各种吸引人才的便利设施,有容忍多样性的城市氛围等。建设创意型城市,必须促使城市成为一个更加宽容的城市,让各种创意都可以得到应有的尊重,这也体现了创意城市与传统城市发展逻辑的重大区别。

霍普斯认为集中性(concentration)、多样性(diversity)和非稳定状态(instability)三个要素能增加城市创意形成的机会。集中性能够带来人们信息交流和社会交互所必备的集聚效应,使得城市中创意的可能性大大增加,集中不仅仅体现在人口数量上,交互的密度更为重要。多样性不仅仅是城市居民的个体差异,还包括了他们所掌握的不同的知识、技能和行为方式,甚至扩展到城市不同的意象和建筑。多样性能够带来动力,使城市生活更加繁荣,是创意城市产生的丰厚土壤。此外,霍普斯发现一些处于危机、冲突和混沌时期的城市却展现出极大的创意。因此非稳定状态也是引发创意的不可或缺的基本因素。

"3T"与"3S"说:佛罗里达认为构建创意城市的关键要素是"3T"理论:即技术(technology)人才(talent)和包容度(tolerance),即为了吸引有创意的人才、激励创意和刺激经济的发展,一个创意城市必须同时具备这三者。技术是一个地区的新经济和高科技的集中表现;包容度可以定义为对所有少数民族、种族和生活态度的开放、包容和多样性;人才则指那些获得学士学位以上的人,即他所谓的创意阶层(creativeclass)。但爱德华·格莱泽认为"创意城市"真正有效的因素是3S:技能、阳光和城市蔓延。

七要素说:查尔斯·兰德利认为,创意城市的基础是建筑在人员品质、意志与领导素质、人力的多样性与各种人才的发展机会、组织文化、地方认同、都市空间与设施、网络动力关系七大要素上。通过这些要素,营造出兰德利所谓的"创意环境",让创意在最适宜的环境中成长繁盛。

作为"创意城市"的评价尺度,美国、欧盟最早开展了区域"创意指数"的测评,以量度区域创意产业发展的绩效。美国学者理查德·佛罗里达提出的3Ts模型,较早阐释"人才、技术、包容度"三个维度激励创意经济发展的规律。理查德·佛罗里达牵头研究提出"欧洲创意指数",相比3Ts模式有较大发展,但其核心思想仍然认为,一个国家或地区的竞争力取决于其吸引、保留和发展创意人才的能力。美国学者兰德利对巴塞罗那、悉尼、西雅图、温哥华、赫尔辛基、格拉斯哥等城市进行个案深入研究之后,提出创意城市共同的成功点是"富有想象力的个体、创意组织机构和有明晰目标的政治文化"。上海在国内最早测评了创意指数,提出人才、文化与社会环境对创意产业发展的关键作用。

概括起来,创意城市至少需要满足三个条件:首先,社会文化的多元性和开放性,它可以促进创意人才、企业和创意产业的交流、融合；其次，城市产业发展能提供足够的发展机会；最后，创意城市还应有能够吸引创意阶层的高品质生活环境。

一、跨界融合

创意城市的兴起具有明显的空间地域性，对创意人才、文化包容和文化批判等构成的城市文化基础有着明显的依赖。佛罗里达将城市社会中兴起的这一不同于工人阶层与服务阶层的群体称之为创意阶层，并深入研究了创意阶层对城市和区域发展的影响，提出了解释城市和区域发展的新的理论——创意资本理论。创造力来源于一个有益于文化发展的城市环境，创意城市形成的基础在于城市文化的提升，依赖于创意人才的培养，只有人才才能建构新的技术和理念、新的商业模式、新的文化形式和新兴的产业，这些就是所谓的创意资本。文化是创意的平台与资源，为创意提供各种激发灵感和有利创作的素材；创意是思维和观念力量的实践，需要文化所蕴藏的多元价值、生活方式、消费模式等资源的支持。文化特征和文化品质为城市在竞争中脱颖而出提供了特色资源，城市的决策者把握文化的发展动向，在城市发展中关注不同的重点和选择不同的方法，最后将城市文化的进步程度、融汇和固化于城市景观、产业传统、社会网络和个人技能等方方面面。

（一）文化的反思与传承

在英国创意建立在对传统社会和文化反思的基础之上，起源于向现存的社会秩序、生活方式、价值观念和行为模式发出挑战，由于较早拥护民主制度、进行海外扩张和经历了宗教破坏的不良影响，伦敦和英国社会已经形成了宽容和开放的价值观。文化的多样性是创意城市发展的关键因素，多样性、开放性和竞争性的发挥可以有效地促进城市产业和建设的创新。在大伦敦区，居民说着近30种语言，人口在1万人以上的少数族群社区有50多个，少数族群为城市贡献了诺丁山嘉年华、哈顿花园的珠宝业等多个创意产业项目。英国的社会等级制度历史悠久，早在1688年英国社会就被分为26个等级，后来这种社会等级逐渐演变为贵族绅士阶层、市民阶层和劳动人民阶层，它们分别对应于社会上层、中层和下层，这三种阶层的人接受不同的教育，从事不同的行业，他们之间的界限非常清晰明了。这种等级观念在20世纪受到了越来越多的挑战，两次世界大战摧毁了贵族政治的海外遗产——日不落帝国，工人普选权和妇女选举权的实现促进了工党的崛起，实现了国内新的两党制。在社会文化方面，与西方消费社会相适应，战后英国的城市文化已转为享乐主义，享乐主义的世界充斥着时装、摄影、广告、电视和旅游等行业，消费社会和享乐主义客观上呼唤社会经济机构以工业的方式大量生产适合于享乐主义者消费的文化产品。文化艺术在此之后获得了新的发展，在音乐的某些方面，英国人甚至已经从美国人那里取得了部分领先地位，流行音乐、古典音乐和乡村音乐都获得了较为快速的发展，风靡全球的甲壳虫乐队就是其中最著名的代表；各个城市举办的城市音乐节日渐繁荣，为英国音乐界发现和输送了不少新生力量，从20世纪80年代开始，英国音乐产品出口总值便已经超过了传统的工程行业。以伯明·翰学派为代表的英国文化研究为我们理解和诠释创意产业提供了另一种视角，他们将文化置于一种社会生产与再生产的理论中加以研究。受其影响，20 世纪 80 年代以来，英语世界流行一种专注于大众传媒和商品符号及文化消费的文化研究，这种研究以符号学和后现代的游戏规则为工具，以对大众日常生活的文化消费的阐述为诉求目标，通过对西方资本主义社会日常的消费文化现象进行解读，凸显大众在符号消费中积极的创造性、艺术性和审美感，以期为大众的消费行为和商品符号的构建寻求意义。英国的文化研究没有清晰的学科界限和固定的方法论，以一切当代的文化现象为研究对象，它既是对当时保守的文化观念的反驳，也是对后工业时代社会文化理念和分析方法的发扬。20 世纪 90 年代初，英国媒体理论家尼古拉斯·加纳姆认为，创意产业采用了特有的生产方式和行业法人组织来生产和传播符号，这些符号虽然不是全部作为商品，但是其表现形式却都是文化商品和服务，这一论断将经济学分析与文化理论紧密地结合起来，反映了精英文化与大众文化日趋融合的发展趋势。

（二）创意的融汇与多样

创意产业是以经营符号性商品为主的活动，这些商品的基本经济价值来源于其文化价值，而文化价值的创造力来源于一个有益于文化发展的环境。自工业革命以来，英国人文学科当中就一直存在着批判现实主义的文化传统，即雷蒙·威廉姆斯所谓的"文化与社会"的传统，以反传统和非历史的价值取向作为研究的指引。这种文化传统的核心思想认为工业革命之前存在的有机和谐的文化受到了人为的工业文明的侵蚀，导致当代精神和文化的危机，摆脱危机的出路在于发现和扩大有机的社区和文化价值。创意阶层的聚集体现出了知识的集中，他们通常是出现在城市经济多样化程度较高的大城市，这里的劳动力市场对专业人才需求量大，具有文化多样性和包容性、准入门槛低、城市服务业水平高、人才和创意资源集中等优势。

（三）人才的集聚与养成

创意城市的核心竞争力在于创意人才在城市聚集而成的创意阶层和风格独特、充满智慧的灵性创意，这就要求创意人才头脑灵活、思路开阔，敢于突破常规思维的束缚，对周围事物充满好奇与想象。创意人才在知识内容的创新和生产方面发挥着领导作用，他们提供对经济成功关键性的观点、方法、创意和想象力。兰德利认为，真正的创造力包括思考或从基本的原理出发思考问题的能力，从似乎杂乱无章或截然不同的事物中发现共同线索的能力、实验的能力、敢为人先的能力、修改规则的能力、想象未来方案的能力，以及或许是最为重要的——在一个人所能胜任的边缘状态下而不是完全胜任的状态下工作的能力。创造力源自于一个有益于文化发展的环境，创意产业依附于城市的发展，带有强烈的空间模式色彩。佛罗里达认为成功的创意城市可以通过吸引杰出的工作团队来达到吸引投资的目的。这些人才分布在科学和工程、建造和设计、教育、艺术、音乐和休闲娱乐等领域，这些工作的经济功能是创造新的思想观念、新的技术手段和新的创意内容。越来越多的国家认识到长期的经济优势在于吸引和留住人才的能力，而不是单纯的商品、服务和资本的竞争。城市区域最明显的优势是它们培养、吸引和留住优秀人才的能力,这些人才在知识密集型的生产和创新中居于主导地位。英国的创意教育在全球居于领先地位,在许多艺术、设计和技术院校中强调自然表达的创意方法有助于创意部门的成功,最好的学校非常重视对技术方法发展的想象力,并为学生参与实践项目和实习教育提供便利。这些学校吸引的学生来自世界各地,其中的许多人留在了英国的创意产业领域。牛津、剑桥等著名大学为人才培养提供了坚实的教育基础,在英国的创意产业中,有 70% 以上的从业人员都受过某种程度的高等教育,在这个领域中,高等教育对于学会怎样工作是十分重要的。创意阶层对职业和居住空间的选择更注重城市的某种特质,如宽松、多样的都市氛围,坚实的创新基础等,也就是说创意阶层高度集中于某些特定的城市和区域。

二、竞合机制

自主创新能力是新型城镇化的核心动力,创新资源是新型城镇化战略实施的基础,主要包括了人才、信息、知识、经费;创新机构是新型城镇化创新行为主体,包括企业、大学、研究机构、中介机构、政府等;创新机制是保证创新体系有效运转的基础,包括激励、竞争、评价和监督机制;创新环境是维系和促进创新的保障,包括创新政策、法律法规、文化等软环境,信息网络、科研设施等硬环境,以及参与国际竞争与合作的外部环境。

虽然一个城市的创新系统是由多方面要素构成,但是其最基本的是人才、政策、创新,有了这三个方面,城市的文化创意产业才能有根本性的保障和推动力,在这三要素都成熟的条件下,应该着手建立适合城市自身的创意生态系统。城市的创意生态系统可以借鉴的佛罗里达教授的相关指标与模型,佛罗里达教授的"3T"模型,实际上也是创意城市的雏形。"3T"模型架构应用于欧洲地区以及之后的"欧洲创意指数",这个模型的三要素主要仍是技术(technology)、人才(talent)和包容性(tolerance),这三项都被看作是创意经济增长的驱动力。在借鉴这一理论的同时,需要注意的是一个城市的创新体系需要从多个方面去考虑。

从当前文化创意产业发展的形势来看,建设城市的创新体系至少可以体现在以下三个层面,分别是城市运行政策体系、管理体系和创意产品体系。这三个方面是相辅相成的,是城市创新和可持续发展的瓶颈。在一定意义上,其实这三个方面也是老生常谈,但只有这一问题的根本解决,城市的创新生态才能真正建立起来。现在,经过艰难的探索,解决这一问题的契机已经到来,那就是以城市文化创意产业的深入发展来激发创新活力。文化创意产业要做大做强,必须从根本上解决以上三个问题,同时也只有不断地从根本上改善这三个方面,文化创意产业才能真正得到长足发展,这是由文化创意产业的性质来决定的。

在文化创意产业蓬勃发展的大好形势之下,应当坚定城市创新驱动之路,建设城市创新生态系统,以国内外创意城市为借鉴来选择自身的发展路径和模式,为城市经济方式转变和社会全面转型而努力。在全球化趋势不断加强、国际竞争日益激烈的今天,以文化创意为核心的创意产业的发展规模,已成为衡量一个城市综合竞争力强弱的重要标志之一,文化创意产业与城市发展的互融、互动和互促效应日趋显著,文化创意产业的深层发展及其所带动的整体城市创意等相关问题成为当前关注热点,文化创意产业已经成为创新型城市的血脉。我国对深化文化体制改革和推进社会主义文化大发展大繁荣作了重要决定,各地政府也积极进行相关工作部署,这预示着城市文化创新与发展繁荣的另一个崭新时期,这也将成为创意城市和新型城镇化建设的共同机遇,将推动创意城市和新型城镇化建设的进一步发展。

三、创客环境

创意城市不是一个政府或部门的责任,而是全体市民的责任,每个普通人都可以创新、创造奇迹,城市就是一个复杂的集体文化产物,是全体人民的集体记忆,因此,创意城市的塑造是每个人都要肩负的责任。全球化时代,城市的魅力决定了它的竞争力。创意城市的魅力不是用钢筋和水泥可以撑起来的,更是一场富有想象力的竞赛。

20世纪是工业时代,但21世纪是创意时代。用建筑的高度、马路的宽度来衡量城市的发展,那是20世纪的思维。对这个世纪的人来说,一个可以刺激他们想象力的城市,才是有魅力的城市,停留在工业思维的城市人,会认为老建筑是负资产。换作是创意城市的居民,会认为老房子可以创造新价值。旧,可以是一种新的资产。单一的生产型城市很难在未来继续产生巨大的经济效应,而且即便是生产型的城市,在生产的过程当中也是可以有创意的。创意城市应该创造条件,让大家能够用想象来思考、来工作、来解决问题,使生活其中的人们更舒服、更便利、更发达。

城市最重要的空间,是市民的互动空间,政府除了建高楼、增加获利外,城市改造应该考虑是否替周边社群创造最大价值、提供市民一个更活络的互动空间。因此,相较于硬件,创意城市的文化软实力更显得重要,而这都依赖全体市民一同建构出的协同交流的环境。

包容性对创意城市的意义在于能够吸引创意人才并能容忍各种奇思妙想,而多样化的文化交流更有利于创新。这样的文化氛围就可以吸引更多的创意人才和公司,产生更多的创新。另一方面任何产业的发展都需要一定规模的市场,对创意产业而言,其受众已不仅是消费者,他们与生产者的互动不仅引导着创新,甚至也会参与创意的生产。因此具有一定数量和较高水平的受众也是促进创意城市成长和发展的重要力量。

浓郁的文化创意氛围是创意城市区别于其他城市的一大主要特征,这种特征有利于诞生和培育富于个性、创新性和创造力的创意人才,营造适于创意人才和企业生存发展的优良环境,形成巨大的创意产品消费市场。其主要表现在以下几个方面:

(一)多元文化的包容与融合

许多创意城市由于其地理位置、发展历史以及对外来文化的包容与学习传统、开放的政策等原因,而使其形成多种族、多民族以及多元文化共存、交流融合的文化氛围。创新诞生于各种文化、思想、人物的交流,多元文化的交流融合特别有利于引发创新,产生各种各样奇特的创意。纽约，在该市人口构成中，黑人、意大利人、波多黎各人和爱尔兰人后裔占80%左右，来自世界各地的移民集聚于此，带来了世界各地、各种族和各民族的文化，这些文化交融，形成了纽约极富创新、创意的土壤和开放、自由的氛围。

布宜诺斯艾利斯，最早被联合国教科文组织授予"设计之都"称号的城市，也有着与其他创意城市相似的多元文化兼容并蓄的特点。它容纳了来自不同文化背景，包括意大利、黎巴嫩、亚美尼亚等不同国家和地区的大量移民，从而形成一种显著的多元融合性文化，其文化产业创造了本地7%的经济收入和4%的本地就业。根据《经济学家》杂志调查，布宜诺斯艾利斯因其充满活力的文化氛围被评为拉丁美洲的最佳城市，这个城市集中了全国80%的文化创意产业及其10%的产出。同样成为创意城市的日本东京、"设计之都"神户等，都是通过包容外来文化面融合多元文化形成了开放、宽松、富于创新与时尚的文化氛围，这些成为其形成创意城市的基础优势。

（二）创意氛围的充实与丰富

文化、教育设施以及文化活动的数量是最能体现一个城市文化环境和氛围的要素。创意人才以及兰德利所说的"关键多数"或者佛罗里达的"创意阶层"都需要多种培育和表现的平台或舞台，将其无限的创意才能、创新的思维通过各种方式加以发掘和表现，并且他们还需要进行不断地相互交流，通过交流产生新的创意。丰富的文化、教育设施以及各种文化活动能够为他们提供足够充分的培育、表现、交流的平台和舞台，能够吸引、培育一批又一批年轻创意人才和创意产品的受众，营造浓郁的文化创意氛围。尤其是国际一流创意城市，这方面的表现非同寻常。

丰富的公共文化活动空间和内容为城市提供了创意氛围。在国家博物馆数量方面，伦敦、纽约和巴黎分别为22个、16个和19个；在主要剧场演出剧目数量方面，伦敦、纽约和巴黎分别有17285个、12045个和15598个；在音乐场所数量方面，伦敦、纽约和巴黎分别有400个、151个和122个；在文化节数量方面，伦敦、纽约和巴黎分别有200个、81个和40个。这些数据进一步印证了伦敦是世界上最具创意文化活力的城市。而德国柏林，每天有1500个文化活动，此外有5所艺术大学以及数不清的私立院校提供设计专业的教育，大约有5000名设计专业的学生，其中很多学生在毕业后都选择留在柏林继续从事设计类工作，这一切进一步推动了柏林设计产业的发展。同样，作为"设计之都"的布宜诺斯艾利斯，大约有40多所大学，其中的数所开设六大类设计专业，仅仅只是布宜诺斯艾利斯大学招收的设计专业学生就多达35000名，每年会举办大量各种各样的设计比赛以及其他创意活动，吸引众多参赛者和参会者，这对于营造城市的创意氛围、进一步吸引创意人才集聚产生了极大的促进作用。

第五节　创意城市的构建策略

一、空间认知策略

创意城市是一个密集人口聚集与多样化的城市，能有让创新激发的机会。有许多的城市符合这些条件，但并非每一个城市都具有同等的机会成为一个创意城市，即使是一个地区拥有基本创意条件，但是到最后地区能否具有创意在一定程度上取决于其被认定的程度，这就是心理学家所提的"感知"。因为人们无论是市民、企业或观光客，在做决定前是一无所知的，仅通过以往他们可能曾经获得的讯息或知识，而这些讯息或知识都是选择性的、非自身实际经历的或是从媒体中获得的，通过这样的感知，人们对现实建构属于自己一幅意象，即地理学家所称的"空间认知"；该幅意象将重要地影响人们决定到何处工作、定居或度假。通常这样的决定不是建立在主观的地区环境特征，而是个人客观的观点对地区环境的感知，特定区域唤起人们心中的意象，进而左右个人对于选择定居地点的影响要素。对于地区空间的认知同样可以应用到对城市的认知：我们多多少少对特定的城市已有固定的印象，不论是基于正确信息或是个人偏见，相关研究显示城市意象受到正面态度程度的高低所影响，即一个城市"被知道的""不被知道的、不被喜好的""被知道的、被喜好的"，如同爱因斯坦的名言，"打破人身上的偏见比掰开一个原子难得多"。该名言可以运用在知识经济中人们对于城市意象的形成，这可以解释像纽约、伦敦等大都会通常被外界认为是较富创意且创新的城市。与此同时，亦有一些较少为外界所知晓的地区，例如德国的鲁尔地区、荷兰的特温纳与西兰岛均具有传统的意象，虽然目前具备着创造力条件。所以，这些地区的过去历史，扮演着决定性的角色，意指这些地区将承受过去长久以来作为唯一一个乡村的、传统的及不鲜明的，甚至负面的意象，因此在宣传提升这些地区视为知识区域的同时，往往为了呈现所谓"酷"的地区而失去原有城市特质。创意城市如伦敦、巴黎、柏林、阿姆斯特丹等城市，则是能够仰赖着过去光荣历史桂冠得以延续，在这里我们可以看到城市间的"马太效应"，即富有者更加富有、贫穷者更加贫穷的现象。从许多城市都可体会到，表面上看似不重要的细节例如城市意象，都可能是知识密集公司决定企业落脚、人们寻求居住城市或是观光旅游目的地的决定因素。当企业或目标客群认知为不良的城市意象，则可能驱使他们离开这个城市，意味着这城市将减少收入，因此越来越多的城市开始寻找自身城市的不足之处并且投资在都市设施建设的供给上，同时他们也致力于对城市内外传达城市的魅力与创造力，正面的城市形象塑造策略就是我们所熟知的"城市营销"或"品牌化"。目前，这是最热门的宣传工具，用来提高城市的知名度及声誉。城市大量地运用争取头条式的口号标语与宣传活动，以争取在世界上的能见度，虽然城市营销的效益不易评估，但确实有部分的城市发展成为强势的城市品牌,如伯明翰、格拉斯哥、都柏林、慕尼黑、里耳及塞维那。城市该如何与其他竞争对手有所区别是一件非常值得关注的议题,例如在荷兰的代尔夫特、恩斯赫德、艾恩德霍芬三个城市,均规划为科技与知识城市,并定位为"技术创新城市"的创意城市形态,但均未强调其各自城市的独特性,这样的结果很容易被猜到,模糊不清的口号标语仅透露微弱的讯息,例如"技术领先""知识城市"。三个城市中,没有一个城市能与其他城市有所区别,且无法得知该城市要为知识工作提供怎样的工作与居住环境,因此,这三个大学城市正减弱其竞争力。真正的竞争实力应建立在既有的基础上以及强调本地条件,一个"穿越传统的趋势"策略。同样的,一个不知名的荷兰城市阿尔默勒通过"城市营销"而获得声誉,该城市的行政机关为改变城市形象,决定采以大规模的营销策略活动,目的是要吸引新的商业活动注入城市中,同时亦引导人口的成长。为了要建立城市意象——商业活动中心,市政府配合地方商业团体的赞助成立基金会,其标语为"在阿尔默勒真正可能的",基金会成立以后,其宣传活动将广告印制在国家出版刊物上,将阿尔默勒市民唱颂着城市礼费的画面播放在电视广告中,基金会亦将大型的城市事件(如荷兰沙雕艺术节)与大型企划案(如世贸中心分部的设立)引入该城市中。经过阿尔默勒城市的努力,已塑造强而有力的城市品牌形象,同时也鼓励起其他周边城市的效仿,企图能在城市的竞赛地图中脱颖而出,而城市亦将能受惠于该创意策略所带来的甜蜜果实。

二、产业引导策略

在创意城市中,广告、建筑、艺术、工艺、设计、时装、电视、广播、电影、录像、休闲互动软件、音乐、表演艺术、出版与软件设计等以智力资本为主导要素的创意产业成为城市的核心产业,而占领价值高端,重塑产业价值链,以此引领消费需求,实现市场创新、推动城市经济发展,则是创意产业发展的创新模式。

一是以消费需求为中心,重塑产业要素和流程的价值链模式。传统意义上的产业是同类企业的集合,按照研发、生产、销售的一般流程组织生产,是产品导向型的生产链结构,彼此间缺少横向联系,产业组织以垂直一体化为特征。创意产业则推崇"消费者为王",关注顾客价值,以消费者的需求为导向,组织创意研发设计、创意产品的制作和销售推广等流程,呈现跨部门、跨行业、跨地区的产业组织形态。在这一过程中,创意处于产业价值链的最高端,可以为不同的产业服务,并主导相关产业利润的分配。比如围绕消费者对产品创新的需求,通过创意设计,赋予普通日用品更多的新功能,像会唱歌的酒瓶、会变色的咖啡杯、会说话的电饭煲等,这里的创意设计可以渗透到各行各业,通过创意价值的输出形成新的产业链条。

二是以观念价值实现市场创新的发展模式。与传统产业注重改变产品功能价值(或使用价值)不同的是,创意产业主要通过改善产品的观念价值获得市场和利润。这一模式的重点在于以创意产品及其附加的观念,创造新的消费时尚,激发消费者潜在的购买欲望,从而达到拓展市场空间,实现价值增值的新发展。

三是符号价值的开发与利用模式。与传统产业利用自然物质资源不同，创意产业依赖知识产权、文化等无形资源的开发和利用，这些资源能够被反复开发与利用，运用新的技术和传播手段，可开发成为不同的创意产品，能够获得倍增价值。比如小说《哈利·波特》，其版权经过反复交易，内容被开发成电影、游戏、主题公园、玩具等，其特有的文化符号被广泛应用于文具、服装、箱包、家居、钟表等，系列产品遍布全球，与哈利·波特相关的衍生产业、支持产业、配套产业等创造了高额的市场效益。

三、立体保障策略

通过完善政府治理机制，形成立体化的创意城市保障措施，更好地发挥出地方政府在创意城市建设中的组织、领导和推动作用，建设创意城市是知识经济时代对各个城市特别是区域中心城市提出的客观要求。是建设创新型国家的必然要求，对于欠发达地区的城市来讲，也是实现跨越式发展的难得机遇和良好契机，城市政府在创意城市建设中起着主导作用。为此，城市政府要以培育完善的区域创新体系、增强自主创新能力、建设创意城市的治市理念加强领导，创新各种制度，改革管理体制，科学制定战略布局规划，优化设计各项政策，完善政府治理机制。同时建立健全自主创新的综合服务体系和支持体系，制定和完善创新政策与科技法规，规范企业的创新行为，为自主创新提供财税支持、投融资支持和信息服务支持，推动产学研合作；优化法治环境，加强知识产权保护，引导创新资源，促进创新要素的合理流动与优化配置，调节好各创新主体间的关系，推动和引导企业成为自主创新的主体；确定灵活、宽松、开放、更具人性化的创新人才引进、使用、选拔、培训和激励机制，推动人才制度的创新，保障各类创新人才更好地发挥作用；优化科技管理体制，改进科技资源配置格局，使政府部门从科技资源配置的主体角色，转变为资源配置的制定者、资源配置的监督者、资源配置绩效的评估者等"裁判员"的角色，建立创新激励型政府，促进政府职能的转变与管理模式的转型，更好地发挥出科技资源的配置机制对自主创新的支持、激励和保障作用，提高其效益。总之，通过加强领导，深化改革，优化管理，转变职能，建立起适宜自主创新的环境、体制、机制和法制，全面推动构建创意城市的各项工作。

四、氛围营造策略

从古代罗马时期到现今的著名城市的发展轨迹，虽然每一个城市在每一个时空背景环境下，有不同的样貌呈现，但审视这些城市可找到一个共同点：它们没有一个不是在技术上、文化上、知识上或组织架构上"孕育创意"的场所。特定地区人口的集中化与多样化，不足以使其成为创意城市。若我们回顾历史，可以注意到在一段危机、对抗与混乱的时期，更能展现相关城市伟大的创造力。以一个世纪前的维也纳为例，当时维也纳是奥地利的首都而且聚集许多欧洲智者与艺术家，也就是当时知识经济的核心，数不尽的高声望的贤达人士与艺术家,例如维特根斯坦(哲学家),弗洛伊德(心理学家)、赫兹(物理学家)、熊彼特(经济家)、罗西(建筑)、克林姆(绘画)、克劳斯(政治思想)都出现在这个城市。当时的维也纳拥有三个创造力产生的条件,即让城市拥有多元化的过剩人口、丰富的公共生活与紧密的社会网络,所有的学院机构一个接着一个,且都在步行距离范围内,增加知识分子彼此沟通与互动的机会。1900年后塑造维也纳城市创意氛围的一个重要背景是"咖啡厅因素",城市中的咖啡厅营业时间从清晨到深夜,为人们提供启发灵感的绝佳场所。这种多元化的文化体验氛围的营造为构建吸引消费者的创意磁场、实现城市创意价值提供了有效推进路径:

首先,开发多样化的创意交互空间。在城市中开发设计互动式的体验空间,让消费者以及各种各样的人走进来,实现其与城市文化的交互,在体验交流中使城市获得认同。比如具有文化符号意义的城市博物馆、城市地标建筑、城市文化商业区、城市旅游休闲区等通过功能叠加均可开发成为创意交互空间,成为培育创意消费意识、获得创意价值认同的空间平台。

其次,举办多元化的文化创意活动。研究表明文化多样性直接影响城市的创意活力,而多元化的文化创意活动则有利于促进文化的多样性,城市可以频繁地举办各类大奖赛、会展、节庆、论坛、传统庆典等,让消费者及社会团体直接参与文化活动的组织、策划和体验,不仅能够丰富城市的文化交流,增加文化多样性,还可以激发民间个体创意活力,为城市积累一定的文化资本。同时,大量文化创意活动的举办和世界级大型展示展会的交流,有利于树立创意城市的形象和地位,并获得世界的认知和认同。比如,上海世博会的举办,在为上海带来人流、物流的同时,也汇集了更多的思想流、信息流、财富流,极大地推动了上海迈向创意城市的步伐,提升了上海的国际形象和知名度。

最后,搭建市民参与项目建设的平台。市民也是创意城市建设的中坚力量,为普通市民参与和体验城市创意活动搭建平台,一方面体现了城市文化的包容性,另一方面也能够增加市民的地方认同感和自豪感。政府应当树立百姓参与和百姓共享的理念,通过政策设计,让市民直接参与城市的规划设计项目,包括街区的改造设计、道路修建的设计、城市标识的设计等与市民生活密切相关的项目。此外,还可以推出政府采购市民创意成果的相关政策,鼓励举办各类竞赛活动,由政府出资购买竞赛获奖项目。这样不仅能够征集到优秀作品或方案,还能够发现优秀人才,政府也不用另外花钱购买其他的设计方案。更为有意义的是随着这些政策的出台,将为城市的创意化发展提供一个开放式的参与平台,城市中所有的人都能有机会实现创意梦想,体现自身价值,达到创意城市提升生活品质的根本目的。

五、品牌富集策略

在当前日趋白热化的竞争格局下,如何使自己的城市从"千城一面"的尴尬中脱颖而出,成为摆在城市建设者们面前的一道棘手难题。城市发展如何与城市营销完美结合? 城市建设如何与城市品牌建设融为一体? 如何把城市的比较优势淋漓尽致地展现出来? 如何树立自己独一无二的城市品牌形象,吸引更多的投资者、旅游者与消费者?

城市品牌富集策略即"通过对城市,具有微小优势的特色品牌经过关键过程的级数放大产生更大级别的优势积累,从而使城市品牌形成更大影响力与辐射力"。富集效应必须经过突显,通过级数放大才能达到。从字面解释,突显就是突出显示,其实是一种生存及发展策略,即在同类中通过时间或者空间或其他方式将其展现出来,从而被认可并形成优势的过程。突显有两种表现形式,一种是"特色突显",一种是"速度突显"。优势的富集最具影响的便是品牌,品牌决定了消费者在购买商品时的购买心理。一旦一个品牌打响了,深入人心之后,它所带来的效应将是不可抵挡的,即"雪崩效应"和"领先效应"。在一个起点上超出去一步,后面就会有更大的效应、更多的机会到来,一步步,"雪崩"一样的效应就产生了,这就是优势富集效应。

如果说大连的城市之路是中国城市建设品牌的萌芽的话,那么昆明的园艺博览会则是更进一步演绎了"城市战"的表现形式,上海的"better city,better life(城市,让生活更美好)"则是把这城市之间的竞争推向了高潮。新加坡前总理李光耀正是看到了欧美等国家在通向工业化发达国家的进程中解决城市问题的经验和教训,在新加坡建设的初期就开始引入"花园城市"的理论,并坚持不懈地予以实施,很好地处理了城市与自然相结合的问题,从而提高新加坡的知名度,为其发展旅游业、广泛吸引外资、增加对外开放的实力创造了良好的条件。新加坡通过花园城市的建设向世人展示了其热带城市的风采,突显了独特的城市风格,为居住在那里的人们提供了一个健康的高质量的生活环境,塑造了独具特色的世界城市品牌。创意城市在新型城镇化的背景下,必须要加强城市自身品牌的打造与凝练,通过优势富集效应实现城市品牌的突显。

六、创意版权策略

版权是一个城市创造力的生命线。一个将版权创造、版权运营、版权保护和管理放在重要位置的城市,必然充满活力与生机。约翰·霍金斯认为"版权是创意经济的流通货币"。他指出:版权是一种货币,同时也是一种语言。对于创意产业来说,它最主要的来源就是理念,可以说,了解版权或者拥有版权的人才有权利对自己创造出来的理念进行买卖。现在欧洲的无形资产已占到总产值的 45%,包括很多内容,如文学、设计产业、科学技术知识等。

我们应当如何管理版权?霍金斯认为:组织管理版权应当遵循三个原则(想象力、自由和市场)。他表示:想象力的重要性是显而易见的。50 年以前,只是少部分人在管理版权。但是当我们进入 21 世纪,版权的状况发生了变化。在上一个世纪,艺术家往往自己独立写作、绘画,而 21 世纪的艺术家之间是互相合作的,一个人很难独立完成一部作品,尤其是电影和电视产业。每个人都需要和其他人合作,而合作需要资金、资源、设备等一系列辅助条件,任何创意的诞生都是一个非常复杂的过程。因此可以看出,版权的保护也不是单靠一个个体就可以完成的。随着市场竞争日益激烈,真正的竞争已成为版权和版权间的竞争、商标和商标间的竞争、专利和专利间的竞争、品牌和品牌间的竞争，归根结底都是知识产权的竞争。2009 年诞生了世界上第一个知识产权法，起因是伦敦的作家和印刷商之间发生争执，当时议会介入，起草了著作权法，才制止了这场争执。保护知识产权要有规范的机制，对于知识产权来说，它在社会中发挥的作用往往就是对版权的约束，让公众了解版权保护的重要性和难度。在伦敦，知识产权办公室甚至比英格兰银行、英国央行还要重要。对于艺术家或创意产业从业者而言，知识产权的规则比利率的变化还要重要。因此，未来中国要想在世界版权业领先，必须加大版权保护的力度，加大产业投入，同时要创造宽松的环境，让创造力、想象力形成一种权威的社会性力量。

七、人才尊重策略

理查德·佛罗里达用六项指标来测量城市的创新性，包括高科技指标、发明指标、波西米亚指标、人才指标等。他运用多变量回归分析方法，对人口百万以上的美国大城市按照创造性大小进行排名。旧金山、奥斯汀、波士顿位居创造性城市的前三名，纽约、洛杉矶、芝加哥分别在第 10、13 和 16 位。值得分外注意的是，这些创意城市集中了一批著名的大学。例如，波士顿拥有哈佛大学和麻省理工学院；纽约拥有哥伦比亚大学和纽约大学；芝加哥拥有芝加哥大学和伊利诺伊大学；洛杉矶拥有加州大学洛杉矶分校和南加州大学等等。大学成为城市具有人才、创意产业以及包容氛围的重要源泉。创意产业的发展和创意城市的形成，都离不开创意人才的努力，创意人才的多寡是创意产业乃至创意城市发展程度的决定性因素之一，国际一流创意城市无不集聚了大量创意人才。

当代社会，知识和创意或者人力资本或人才正在替代传统的自然资源和有形劳动，成为财富创造和经济增长的主要源泉。在创意经济时代，一个城市的竞争优势来自于能够迅速地动员这些人才资源把创意转化成新商业商品。因此，一个城市的优势在于能够吸引人才。创意才能的培养需要多种素质的凝练，既要有强烈的创新意识、较高的技术素质，也要具备深厚的文化底蕴，T 型的知识结构和百折不挠的意志。这种特殊才能仅仅只是依靠学校教育是远远达不到的，需要头脑知识与实际需求的不断碰撞以及实践经验的不断累积。调查中，认为创意才能主要来自学校教育的仅占 13.3%，选择在职培训的仅有 12.25%. 而 74.5% 的人员认为创意才能主要来自工作中的自我学习和不断积累。

当前中国人才结构性短缺问题更为突出。一是缺少高端原创人才。被调查的管理者认为本单位的创意人员中只有 22% 的比例算得上是创新型的，多数人才（78%）属于复制型或模仿型。这种人才结构导致原创产品很少，企业核心竞争力不足。二是缺少管理人才。与传统产业相比，创意产业具有创新性、高增值性和高风险性等特点，其产业组织形式既有分散的个别劳动，又有简单协作的集体劳动和集中的社会劳动。创意人员具有较强的工作独立性，创意工作过程难以监督。这些特点，对传统管理理念和管理方式提出严峻挑战。三是缺少经营人才。将创意产业化，需要能将创意内容产业化和市场化的经营人才。实践证明，创意人才往往不具备市场经营才能。被调查者普遍认为,如今,北京市严重缺乏擅长将创意作品"产业化""市场化"的经营管理人才和领军人物。四是缺乏复合型人才。文化创意产业是文化经济技术的复合型产业,是文化知识与高新技术紧密结合的产业,要求从业人员具备 T 型知识结构,即不仅要有丰富的社科文化知识(T 型的顶部),还要具备较高的技术水平和操作能力(T 型的下部)。现实之中,从业人员往往是懂内容知识的不懂技术,而懂技术的又缺乏内容知识。人才结构性短缺的问题已成为制约北京文化创意产业发展的重要因素。

第 五 章　城镇化与城乡融合内容

城镇化是经济和社会发展的客观趋势，是经济发展方式转变的重要依托，在当前大力推进经济结构转型的形势下，小城镇建设成为促进城乡统筹、推进工业化转移、拉动内需的突破口。本章主要讲述的是城镇化与城乡融合。

第一节　推进城乡规划布局一体化

加快推进城乡规划布局一体化，是实现城乡发展一体化的重要基础和前提条件。长期以来，在城乡分制的二元体制下，依据《中华人民共和国城市规划法》和《村庄和集镇规划建设管理条例》，中国实行城乡分治的规划编制与管理模式。这表明中国长期实行的城乡二元规划体系已经完全打破，开始进入到了城乡规划一体化的新时代。在新的形势下，必须要打破城乡界限，树立城乡统筹发展的理念，把城市与乡村作为一个有机整体，开展全城规划合理布局，推进城乡规划编制和管理一体化。

一、城乡规划应体现城乡差别

城市与乡村是两种完全不同的空间单元，城与乡的差别不仅体现在聚落形态和产业发展上，而且体现在自然风貌、社会文化和生活方式上。城市应该有繁华、密集、多彩的城市现代化面貌，而乡村也应该有青山绿水的乡村田园风光。有学者提出，城乡规划应遵循规律，尊崇自然、尊重民愿，体现城与乡的差别，突出地方特色，规划出各具风貌的现代新城乡，推进城乡生产方式、消费方式、公共产品、景观文化、空间布局的差别化发展。江苏省苏州市在推进城乡一体化的进程中，较早就提出要使"城市更像城市、农村更像农村"。所谓"城市更像城市"，是指一些县城和中心镇应按照中小城市标准进行规划建设；所谓"农村更像农村"，是指从事农业生产的农村，应当保持优美的田园风光和传统农耕文化。这一做法体现了一体化格局中的城乡差别发展思想。

二、建立城乡一体的规划体系

城乡发展一体化涉及方方面面，需要从全局高度编制实施城乡一体化建设规划，对城乡经济社会发展、基础设施建设，公共服务配置、生态环境治理等进行统筹安排和部署。要按照城乡发展一体化的理念,把广大农村纳入规划范围,尤其要加强乡镇和村庄规划编制。要统筹整合城乡总体规划、经济社会发展规划、土地利用总体规划、环境保护规划和产业发展规划,建立完善统筹协调机制,构筑城乡一体的规划体系。各地在规划体系建设方面进行了大胆探索,积累了丰富又宝贵的经验。譬如,上海市开展了城市总体规划和土地利用总体规划"两规整合";苏州市开展了产业规划、城镇规划、土地利用规划和环境保护规划"四规叠合";重庆则在市级开展城乡总体规划、经济社会发展规划、土地利用总体规划和环境保护规划"四规协调",在区县级开展"四规叠合"探索。

三、完善城乡一体的规划管理体系

为改善过去城乡规划管理分割、建设分治、重城轻乡的状况,要加快推进城乡规划编制、实施、监督管理体制改革,理顺各层次规划管理关系,建立完善城乡一体的规划管理体系。一是推进城乡规划编制体制改革。将城乡规划编制统一纳入政府采购范围,通过招投标确定规划编制单位;借鉴国内外先进的规划理念、技术和方法,建立完善专家咨询制度和公众参与制度,积极听取专家意见,采取多种形式让公众参与到规划的全过程,切实提高规划的科学性,减少随意性。二是强化城乡规划的实施和监督管理。要完善城乡规划的实施和动态调整机制,加强规划实施效果评估和修编工作,建立城乡规划督察专员制度,完善城乡规划监督管理体系,加大违规处罚和责任追究力度。三是建立健全城乡规划管理机构。按照"覆盖城乡、集中统一"要求,对城乡规划实行集中统一管理;进一步完善县级和乡镇级规划管理机构,加大资金投入和人员配备,逐步将规划行政职能延伸到乡镇,建立覆盖全域的城乡规划管理工作网络。此外,还应加强各部门之间的职责分工,在政府内部形成权力制衡机制。

四、统筹规划和优化全域空间布局

统筹城乡发展必须实行全域规划,对包括城市和乡村在内的全部空间进行统一规划布局,不断优化空间结构。明确国家层面优化开发、重点开发、限制开发,禁止开发四类主体功能区的功能定位、发展目标、发展方向和开发原则。目前,各省区市主体功能区规划已陆续上报国家发展改革委。对此,各地在推进城乡发展一体化的过程中,一定要按照国家和省级主体功能区规划的要求。进一步完善和细化主体功能区区划,明确各功能区的定位、目标和发展方向,制定差别化的发展导则、空间管控策略和考核指标体系,推动形成科学合理、规范有序的城乡空间格局。在城乡总体规划编制中,要科学确定生产空间、生活空间和生态空间的合理比例,划定各类生态红线,确保生态环境和粮食安全。

第二节　推进城乡基础设施一体化

随着城乡统筹工作的推进,中国城乡基础设施一体化进程不断加快,农村基础设施水平迅速提升。然而,由于发展基础薄弱、财政投入不足,融资渠道单一,加上城乡二元体制分割,目前农村基础设施仍相当落后,广大村镇在交通、信息、供水、供热、供气、垃圾和污水处理等各个方面与城市差距明显,严重制约了城乡发展一体化进程。必须统筹规划,加大农村基础设施建设力度,积极推进城镇基础设施向农村延伸、辐射和覆盖,建立完善城乡一体的基础设施网络,促进城乡基础设施一体化进程。

一、加快城镇基础设施向农村延伸

加快推进城乡基础设施一体化,重点和难点都在农村地区。加快农村基础设施建设,是推进城乡基础设施一体化的关键环节。在统筹城乡发展的过程中,一定要把新型城镇化与新农村建设有机结合起来,按照城乡基础设施联网对接、共建共享的思路,加快推进城镇交通、信息、供电,供排水、供气、供热、环卫、消防等基础设施向农村延伸、覆盖,加强市、镇、村之间道路和市政公用基础设施无缝对接,逐步形成城乡一体的基础设施网络。

在交通方面,要按照"路、站、运一体化"的思路,大力加强农村公路和客运站点建设,分期分批逐步完善中心城区至县、县至乡镇、乡镇至建制村三级客运网,实行统一站点,统一排班、统一票价、统一车辆标识、统一结算的措施,构建通乡达村、干线相通的公路网络和完善便捷、城乡一体的客运网络;与此同时,不断提高城市公交的覆盖面,优化线路和站点布局,逐步将公交延伸到郊区和周边乡镇、村庄,促进城乡公交一体化。目前,沿海一些有条件的地区如江苏省苏州市、山东省莱芜市等,已经实现了村村通公交。

在信息方面,重点是推进城乡邮政、通信和信息服务设施一体化。要调整优化农村邮政网点布局,促进乡镇邮政普服网点全覆盖,按照"统一标准、统一标识、统一设施"的原则稳步推进"村邮站"建设,加快城乡邮政一体化步伐,构建覆盖城乡、惠及全民、水平适度、可持续发展的邮政普遍服务公共体系;要将电信基础设施纳入城乡建设规划,加快电信管网、基站等设施建设,推动光纤通信、无线通信网络向农村延伸,实现城乡全覆盖,提高通信质量和水平;加快农村信息服务设施建设,完善乡镇、村网站和信息服务中心。推动城市各种信息资源和信息服务向农村延伸,构建城乡一体的信息服务体系。

在市政公用设施方面,要重点推进城乡供电、供水、供气、供热、环卫等一体化。在供电方面,要统筹城乡电网规划,加快农村电网改造升级,积极推进农网标准化建设,不断提高农网供电能力和供电质量,实现城乡供电一体化和无差别服务;在供水方面,按照"统一调配、统一供给、统一核算、统一核价、统筹营亏"的思路,以中心城市和县城为依据,加快乡镇供水管网建设。实现城乡"联网、联供、联营、联管",推动形成城乡供水"同源、同网,同质、同价"的一体化格局。在有条件的地区,还应积极推进城乡供气、供热等一体化。此外,还应当按照一体化的理念,推动城市环卫、消防等基础设施和公共服务向农村延伸。

二、建立多元化的基础设施投融资机制

长期以来,中国在基础设施建设方面,实行"以农保工""重城轻乡"的城市偏向投资政策,由此造成农村基础设施普遍落后,基础设施建设投入严重不足。随着新农村建设的加快推进,各级政府的财政补助有较大幅度的增长,但是投资不足、融资渠道单一的局面依然没有得到根本改变。根据浙江的调查,农村基础设施投资中村集体资金和财政补助资金占很大比重,村民出资和集资所占的比重较低,平均在 5% 以下,金融资本、民间资本的投资微乎其微。尤其是,村级集体收入的 3/4 以上投向了基础设施建设。因此,投融资渠道单一且不稳定,这是造成农村基础设施落后的根本原因。

对此,在继续发挥农村集体组织和个人积极性的基础之上。必须要进一步加大各级政府财政资金投入,积极引导社会资本进入,逐步建立"政府引导、市场运作、多元投资、共同开发"的多元化城乡基础设施投融资机制。首先,要坚持"谁投资,谁受益"的原则,充分发挥农村集体和农民个人投资基础设施的积极性;其次,加大各级财政资金对农村基础设施建设尤其是建制镇和村庄市政公用设施建设的投入。县城和中心镇的市政公用设施,应按照小城市的标准进行规划建设。对于完全公共产品性质的基础设施,应由政府财政全额直接投入。对于准公共产品性质的基础设施,要充分发挥政策资源和财政杠杆的优势,采取 BOT、TOT、PFI、ABS、PPP 等项目融资方式,引导国内外民间资本积极参与。此外。要明确各级政府之间的职责分工,即使是由县、乡负责的基础设施,也应加大中央、省、市政府的补助力度。譬如在农村公路养护方面,苏州市按照"县乡自筹、省市补助、多元筹资"的原则,落实了资金支出的渠道和增长机制。

第三节 推进城乡产业发展一体化

由于体制分割和制度障碍,当前中国城乡产业发展还存在着诸多问题,如城乡互动不足,要素流动不充分,市场联系不通畅,一体化程度较低,等等,严重影响了城乡发展一体化进程。产业是城乡发展的重要支撑之一,如果缺乏产业支撑,无论城市还是农村都会出现"空心化"的局面。近年来出现的"鬼城"(空城)和"空心村"现象,就是缺乏产业支撑的结果。推进城乡产业发展一体化,就是要打破城乡分割的二元体制,把城市产业和农村产业作为一个整体统筹考虑,整合城乡各种资源,沟通城乡之间的产业联系,促进城市生产要素向农村流动,引导城市产业和企业向农村延伸,实现城乡产业互补互促、相互融合、共生互荣。

一、大力推进城乡产业融合互动

城乡产业一体化是城乡发展一体化的核心和关键。城乡互动的起点是产业互动,城乡互促的关键是产业互促,城乡融合的基础是产业融合。因此,深入推进城乡发展一体化,必须要坚持城乡融合互动的理念,促进城乡产业相互融合、互促共进。首先,强化城乡产业分工协作。城乡产业一体化不是城乡产业发展一样化。城市与乡村因资源和功能定位不同,其产业发展应该实现差异化,防止城乡产业同构和低水平重复建设,要充分发挥各自的优势,突出城乡特色,通过资源互补,要素互补,促进城乡产业互补互促、合理分工、协调发展。其次,推动城乡三大产业的融合。产业融合是当今世界产业发展的大趋势。要打破城乡界限和产业边界,推动农业、工业、服务业在城乡之间进行广泛渗透融合,促进城与乡、工与农之间双向产业延伸,实现城乡产业多层次、多领域的深度融合。再次,构筑城乡一体的产业链。要整合城乡资源,培育龙头企业,延伸产业链条,推动城市产业向农村延伸,城市服务向农村辐射以及农村产业向城市扩展,实现城乡产业全面对接,尤其是要鼓励龙头企业在农村建立稳定的良种培育、技术推广服务和原料生产基地,在城乡建立广覆盖、一体化的销售网络。逐步形成配套完善、分工合理、布局优化、特色鲜明、城乡一体的产业链体系。

二、推动城市生产要素向农村流动

目前,中国城乡发展严重不平衡,资金、技术、人才等生产要素高度集中在城市。要推动形成以城带乡、以工促农的良性发展格局,就必须充分发挥出城市的辐射带动作用,引导城市资金、技术,人才、管理、品牌等生产要素向农村流动,加快城乡产业、项目和生产要素对接,促进城乡资源互通共融、合理配置。一是鼓励城市资本、人才和企业下乡,参与农业和农村现代化建设,加快农业产业化进程。二是推动大中城市相关产业、机构和设施向郊区、工业园区和周边小城镇转移扩散,依靠园区和小城镇建设带动农村地区发展,增加农村就业机会,提升农村发展能力。三是促进城市科技、信息、金融,教育,文化、商贸、旅游等服务网络向农村覆盖,实现城乡服务业发展一体化。尤其是要统筹城市与乡村旅游产业发展,打破体制束缚与制度障碍,促进城乡旅游要素合理、有序、顺畅流动,推进城乡旅游资源开发、旅游公共服务、旅游宣传、旅游管理一体化,实现城乡旅游产业无缝衔接、共兴共荣、一体发展。四是通过引进城市资本、品牌、人才、营销和管理理念,加快农村服务业发展,推进各类公共服务平台建设,建立完善的专业行业性协会和社会中介服务体系。

三、促进城乡产业布局一体化

按照"宜工则工、宜农则农、宜商则商、宜游则游"的原则,因地制宜,科学规划城乡产业布局,促进产业向优势区域集中,不断优化空间布局结构。要走出传统的"农村工业化"误区,以开发区、工业园区为载体,积极引导工业向园区集中,促进工业园区化和集聚发展。工业园区化是当今世界工业发展的共同趋势,也是改革开放以来各地实践探索的经验总结。工业进园和集聚发展,不仅可以节约利用土地、能源和其他资源,共享基础设施和公共配套服务,而且有利于污染的集中治理,充分发挥集聚的经济效应。按照全国和各省区主体功能区规划,各地区承担的主体功能不尽相同。有的属于是优化和重点开发区域,有的则属于是限制和禁止开发区域。对于一些重要的生态功能区,其主体功能是保护生态环境,属于限制和禁止开发区域的范畴。为协调开发与保护之间的关系,可以采取"飞地经济"的模式,在有条件的地方共同建设工业园区,鼓励生态功能区招商引资来的企业向这些园区集中,实行产值等经济指标分割和税收分成。在新形势下,产业园区发展还应与城镇建设有机结合起来,通过以产兴城、以城促产、产城互动,实现产城融合、共生共荣。产城融合是一种现代发展理念,其核心内涵是功能复合、配套完善和空间融合。如果城市没有产业支撑,即便再漂亮,也只是"空城";如果产业没有城市作为依托,即便再高端,也只能"空转"。此外,在广大农村地区,要按照"一镇一业、一村一品"的思路。加快推进专业镇和专业村建设,大力发展镇域经济和村域经济,不断提高农业产业化和现代化水平。

第四节　推进城乡公共服务一体化

城乡公共服务一体化是统筹城乡发展的内在要求,也是促进城乡协调发展的重要保障。现阶段,推进城乡公共服务一体化,重点是加快农村公共服务体系建设,推动城市公共服务向农村延伸,实现城乡基本公共服务的同等化,逐步缩小城乡公共服务水平差距。

一、中国城乡公共服务差距状况

随着新农村建设的快速推进,各级财政加大了公共服务投入并向农村倾斜,农村公共服务能力和水平明显提高。然而,由于原有基础较差,与城市相比,目前农村文化教育、医疗卫生、社会保障等公共服务仍相当落后,城乡公共服务差距依然较大。即使农村居民在城镇就业和居住,由于户籍的限制也难以享受同等的市民待遇,要实现城乡基本公共服务均等化目标,仍需要进行长期不懈的艰苦努力。

在义务教育方面,虽然近年来农村中小学生人均公共财政预算教育经费支出增长较快,但在办学条件、师资队伍、教学质量等方面,依旧与城市存在明显差距。

在医疗卫生方面,目前中国医疗卫生资源的80%左右集中在城市,尤其是先进医疗卫生技术、设备和优秀人才高度集中在城市大医院,而农村医疗卫生设施落后,医疗技术人才缺乏,且普遍存在年龄老化、专业水平低的情况。

在社会保障方面,各种社会保险统筹层次不高,医疗、失业、工伤和生育保险仍为地市级统筹,城镇职工基本养老保险、新农保和城镇居民养老保险的省级统筹以及基础养老金的全国统筹均没有全面实现。城乡居民社会保障不仅覆盖面较低,而且城乡差距较大,城乡接轨和跨区域转移接续还存在一定困难。以最低生活保障为例,虽然近年来农村低保平均标准和平均支出水平增长较快,城乡差距有所缩小,但仍维持在较低水平。

二、构建城乡一体的公共服务体系

推进城乡基本公共服务均等化,是构建城乡一体化公共服务体系的核心。基本公共服务是指"建立在一定社会共识基础上,完全是由政府主导提供的,与经济社会发展水平和阶段相适应,旨在保障全体公民生存和发展基本需求的公共服务"。其范围主要包括保障基本民生需求的教育、就业、社会保障、医疗卫生、计划生育、住房保障、文化体育等领域的公共服务。基本公共服务均等化则是指全体公民都能公平地获得大致均等的基本公共服务,其核心是机会均等。这里所指的均等化,主要包括城乡之间、地区之间和居民之间三个方面,其中,城乡基本公共服务均等化是最为核心的内容。

从中国的实际出发,要实现高水平、可持续的基本公共服务均等化目标,大体可以分三步走:第一步是到2015年基本实现城镇基本公共服务均等化,把城镇常住的农业转移人口覆盖在内;第二步是到2020年基本实现城乡基本公共服务均等化,把农村人口全部覆盖在内;第三步是到2030年在全国范围内实现高水平、可持续的基本公共服务均等化目标。

公共服务的非排他性和非竞争性特征,决定了政府是其主要提供者。享有基本公共服务属于公民的权利,提供基本公共服务是政府的职责。因此,以城乡基本公共服务均等化为核心构建城乡一体的公共服务体系,首先政府要加大投入力度。各级政府不仅要加大公共服务的财政投入,而且财政资源应该向农村倾斜。要充分发挥出财政资金的导向和杠杆作用,积极引导民间资本参与城乡公共服务建设。其次,改变过去以GDP作为主要评价指标的做法,尽快将公共服务体系建设全面纳入政府考核指标体系。要建立综合评价指标体系,加强对各地基本公共服务水平和进程的监测评价,并根据评价结果提出改进措施。再次,推进城市公共设施和公共服务向农村延伸,促进城乡公共服务接轨和一体化。尤其是要加快推进城市文化、体育、教育、医疗卫生、环卫等公共服务向农村延伸和覆盖,推动城乡社会保障政策和制度全面接轨。最后,整合城乡公共服务资源。根据城乡人口的变动趋势,有效整合城乡资源,调整优化设施布局,将分散的单一服务整合为集中的综合服务,实现公共服务供给的规模化,提升城乡公共服务供给效率和水平。

第五节　推进城乡环境保护一体化

城市环境与农村环境是一个有机联系的整体,二者不可分割。然而,长期以来,在城乡分制的二元体制下,中国环境保护工作存在着城乡分治的倾向,农村生态环境保护没有得到应有的重视,以至于农村环卫设施普遍落后,垃圾和污染问题日益严重,村容村貌脏、乱、差现象突出。对此,在生态环境保护中,必须把农村生态环境保护摆在同等重要的位置上,对城市与农村生态环境保护进行统一规划、建设和管理,全面改善和提高城乡生态环境质量,推动形成城乡一体化的生态环境保护新格局。

一、构建城乡一体的生态网络

随着城镇化的快速推进,城镇空间不断向四周蔓延,周围的村庄、湿地和农田面积逐渐减少,工厂、住宅、道路、广场等人工建筑面积不断扩大,甚至形成钢筋水泥丛林,造成城镇湿地面积锐减,生物多样性持续减少。特别是由于人工过度干预,城镇湿地往往被分割成面积狭小、孤岛式的斑块,湿地环境往往会遭受严重破坏。对此,必须坚持生态环境保护优先,以生态城市建设为导向,整合城乡生态资源。以生态廊道为纽带,以森林生态网络、湿地生态网络、农田生态网络和建筑生态网络建设为主体,构建自然、稳定、优美的生态景观网络。维护生物的多样性,逐步形成一个景观优美、生态优良、内涵丰富、功能完善、宜居宜业、效益持久的城乡一体化生态网络体系。要以生态功能区划和主体功能区规划为指导,划定生态红线,统筹安排自然保护区。天然林保护区、风景名胜区、森林公园、地质遗迹保护区、饮用水源保护区、洪水调蓄区、重要水源涵养区、重要湿地等重要生态功能保护区,共同构建城乡一体化的生态安全格局。只有这样才能"让城市融入大自然,让居民望得见山、看得见水、记得住乡愁"。此外,还应借鉴广东增城等地的经验,规划建设覆盖城乡、多功能、多类型的绿化体系,为城乡居民提供绿色健康、安全便捷的生活和休闲空间。

二、推进城乡环境卫生一体化

针对当前农村环卫设施严重落后的状况,按照城乡一体化的理念,加快城市环卫设施向农村拓展,加快政府环保职能向农村延伸,加快环境监测监管队伍向农村覆盖,全面推进城乡环境卫生一体化。一是推进城乡污水处理一体化。按照"宜建则建、宜输则输、城乡统筹、分区处理"的原则,加快农村污水处理厂、处理站和配套管网建设,逐步推进雨污分流改造,构建城乡一体的污水处理系统,对工业废水和生活污水实施统一集中处理。县城和建制镇应规划建设污水处理厂,农村中心社区应规划建设小型污水处理站,统一处理生活污水。二是推进城乡垃圾处理一体化。重点是加强农村垃圾处理设施建设,按照市区、县城、镇区、村庄的次序,分步推进垃圾分类收集,建立完善户分类、村收集、乡镇转运、县市区处理的垃圾处理体系。在有条件的城市,要借鉴杭州的经验推广垃圾直运,逐步关闭城区垃圾中转站,避免二次污染。各级政府要对垃圾处理工作成绩突出的单位给予奖励,对违规单位给予处罚。三是推进城乡环境监管一体化。要整合环保、农业、林业、水利、卫生、国土、气象等部门的生态环境监测资源,加强城乡环境监管队伍建设,完善乡镇级环境监察机构,建立村级环保监管员制度,构建覆盖城乡的一体化环境保护监管体系。四是推进城乡环保政策一体化。要对城乡环境保护进行统筹规划,实行城乡环境保护并重的政策,彻底改变环境保护重城轻乡、城乡分治的状况,推动形成城乡环境同治、同建、同享的新格局。

三、加强农村环境的综合治理

农村既是当前环境保护的薄弱环节,也是统筹城乡环境保护工作的重点。要结合近年来的新农村建设经验,加大农村环境保护经费投入,大力开展农村环境综合治理,以治脏、治乱、治河、治林、治水、治路为重点,加快推进农村"五改"(改水、改厕、改厨、改圈、改房)、"四清"(清洁家园、清洁水源。清洁田园、清洁能源)、"五化"(道路硬化、路灯亮化、卫生洁化、环境美化、村庄绿化)工程建设,全面改善乡村环境面貌,提高乡村生态环境质量。同时,要加大农村水源污染防治力度,严格控制化学肥料、农药、农膜的施用,大力发展生态农业和有机农业,推行规模化养殖和养殖场畜禽粪便综合利用,切实提高农村污染防治能力和水平。此外,要加强农村环境保护的监管,加大对各地落实环境保护情况的督查,并采取相应有效措施防止城镇污染企业和项目及有害有毒物质向农村转移扩散。

第六节　推进城乡社会治理一体化

中共十八届三中全会把"创新社会治理体制"作为全面深化改革的重大任务之一,并明确提出要"发挥政府主导作用,鼓励和支持社会各方面参与,实现政府治理和社会自我调节、居民自治良性互动"。从社会管理走向社会治理,这是一次重大的观念变革。当前,城乡分制依然是社会治理和创新面临的主要困难。现有的二元社会结构导致社会治理城乡断裂,不仅阻碍了社会和谐稳定,而且造成了城市"空心化",影响了城镇化质量。因此,深入推进城乡发展一体化,必须从根本上打破城乡分治,消除二元管理体制对城乡社会融合的阻碍,统筹城市与农村社会治理,改进社会治理方式,完善社会治理和服务体系。加快推进城乡社会融合,及时化解各种社会矛盾和不和谐因素,推动形成城乡一体化的社会治理新格局。

一、推进城乡人口管理一体化

长期以来,中国人口管理实行"城乡分治""人口分管"的体制。所谓"城乡分治",是指街乡行政组织和乡村自治组织以户籍属性为界,分别管理和服务城镇户籍人口(非农业人口)和农村户籍人口(农业人口);所谓"人口分管",是指在居住地层面,以户籍属地划线,对非本地户籍的流动人口实行单独管理。从中央到地方,各级政府均设有专门的流动人口服务管理机构。这种"城乡分治""人口分管"的体制,已经不适应经济社会实际发展的需要,严重阻碍了城镇化和城乡发展一体化进程。对此,相关部门必须加快户籍制度和人口管理体制改革,建立城乡统一的户籍登记管理制度和实际居住人口登记制度,实现居住地实有人口的一体化管理。目前,全国大部分省份已经取消了农业户口和非农业户口划分。实行统一的居民户口。在此基础上,还必须建立完善覆盖全国人口的国家人口基础信息库。为跨地区人口流动服务和管理提供支撑。在新形势下,流动人口管理应坚持"以人为本",要将城际和城乡流动人口全部纳入管理服务范围,切实维护和落实他们的各项合法权益。同时,要依托社区管理服务平台,建立完善城乡一体的流动人口服务管理信息系统,全面加强流动人口管理和服务,以引导人口合理有序流动。

二、推进城乡社区管理一体化

城乡社区作为一个基层自治组织,是基层社会治理的重要载体。是大多数居民生活的基本依托,是基层社会管理服务的综合平台,也是政府与居民沟通的桥梁和纽带。在社会治理中,城乡社区发挥着基础作用。长期以来,受政策的影响,中国城市社区建设成效较为显著,而农村社区建设略为滞后。当前,农村社区普遍存在经费投入不足、公共设施落后、专业人员缺乏、管理体制不完备等问题。在促进城乡发展一体化中,必须抛弃"重城轻乡"的思想,着力统筹城乡社区发展,建立城乡一体的社区管理服务体制,加快城乡社区管理一体化进程。

现阶段,重点是加强农村新型社区建设,促进农村社区化管理。在推进农村社区建设中,要尊重农民意愿,不能强迫农民上楼、搞大拆大建。正如中央城镇化工作会议所指出的,要"注意保留村庄原始风貌,慎砍树、不填湖、少拆房。尽可能在原有村庄形态上改善居民生活条件"。有条件的地区,要按照地域相近、规模适度、有利于整合公共资源的原则,因地制宜,积极稳妥推进"撤村建居",分类分批建立农村新型社区,稳步推进镇、村体制向街道、社区体制转变。要借鉴城市社区的管理模式和服务理念,加强农村社区规划建设,加大公共服务设施投入力度,建立完善社区服务中心和"一站式"服务大厅,不断增强社区服务功能,逐步把社区服务延伸到自然村落,切实提高农村社区综合服务能力和水平。全面推行城乡社区网络化服务管理,推动社会管理权力下放、资金下拨、人员下沉、服务下移,实现"定人、定位、定责、定时"的精细化管理。

三、充分发挥城乡社会组织的作用

与社会管理强调自上而下的单向垂直管理不同,社会治理更加注重公众参与、社会组织的作用、公民与政府间互动以及多元化主体的共同管理。社会组织由不同群体组成,具有非营利性、非政府性、自治性和公益性的特点,他们在承接公共服务、推进公共治理、反映公众诉求、维护群体利益、化解社会矛盾、推动公众参与、提供公益服务、引领行业自律等方面发挥着重要作用。因此，要创新社会治理，关键是激发社会组织的活力，促进公民与政府之间的良性互动。首先，要鼓励城市社会组织将服务网络延伸到农村，支持建立城乡一体、形式多样的各种社会组织，如行业协会、科技服务、公益慈善、社区服务、环境治理等社会组织，不断增强社会组织的活力和服务能力。其次，要鼓励和支持社会组织、广大民众积极参与和共同管理社会公共事务。此外，还应加强社会工作者队伍建设，必须尽快建立一支符合新时期社会治理需要的年轻化、知识化、职业化的高素质社会工作者队伍。

第六章 城镇化与城乡融合多元模式

第一节 大城市带动大农村的成渝模式

在城乡二元体制下,城市无论在经济还是社会发展方面都领先于农村。对一些城市尤其是大城市来说,其经济总量甚至超过一些省(区),这些城市有能力依靠自身经济实力带动广大农村地区实现城乡经济社会发展一体化。成都和重庆都是城区人口超过 400 万人的特大城市,属于典型的大城市、大农村格局。

一、成渝模式的特点和主要做法

作为全国统筹城乡综合配套改革试验区,成都和重庆推进城乡发展一体化,重点是破除城乡二元体制,建立城乡发展一体化体制机制,优化城乡生产要素配置,根据城乡资源差异性和产业链上下游特质性,在全城范围优化产业功能分工,深化城乡产业合作,为城乡居民尤其是农村居民,提供基本养老保险以及均等化的医疗卫生、义务教育等公共服务,完善生产和生活所必备的配套基础设施,为让经济社会发展的福利真正惠及城乡居民,两地采取了以下其体做法。

1. 破除城乡二元体制,建立城乡发展一体化体制机制

在建立城乡发展一体化体制机制方面,一是实行县改区的行政区划调整和改革。彻底破除二元结构下城市与农村分制发展、分割管理的体制机制,实行城乡发展统一规划,城乡财政全域统筹。二是打破城乡二元的社会事业管理体制机制,实行城乡居民统一户籍登记和流动管理制度,建立建全城乡社会事业一体化机制,从制度上保障城乡社会事业一体化发展。三是打破城乡二元的资源配置体制机制,建立城乡一体化的生产要素市场,推动城乡生产要素优化配置。

2. 建立"地票"交易制度,促进土地要素公平交易、合理配置

土地是产业和城镇发展最主要的要素之一。因此,在工业化和城镇化过程中,土地交易和配置问题便成为影响城乡发展一体化的关键。建立土地交易市场化机制,通过市场形成反映土地资源稀缺程度的土地价格。不仅可以促进土地要素合理流动与配置,而且还可以有效保护土地交易双方特别是农村土地所有者权益,避免城乡二元体制下征地制度对农民

和农村利益的侵害。成都和重庆两市通过建立土地交易所，以"地票"为主要形式实现城乡土地要素流动和优化配置，带动资本、技术等其他要素流动与优化配置。所谓"地票"是指在明确土地产权的基础上。通过对农村村庄重新规划和建设，节约集约使用农村集体建设用地，将节约出来的集体建设用地指标，以"地票"的形式拿到市级土地交易所。通过"招拍挂"实现流转。"地票"交易形式，不仅可以实现建设用地指标在空间上的重新配置，解决了工业化和城镇化所需要的土地，更重要的是形成了土地的市场价格，更较好地维护了村庄和农民的权益。而且还在一定程度上让参与交易的村庄和农民获得了实现城镇化所需要的资本积累。如重庆自实行"地票"交易以来，已累计成交地票 8560 公顷，成交金额达 261.05 亿元。其中农民和集体获得 213 亿元；地票价格也从最初的 8 万元／亩提高到 20 万元／亩左右。

"地票"改革成功的关键，一是激活了城乡土地市场，明确了交易和收益主体；二是国家实行建设用地增减挂钩试点和耕地占补平衡政策，促进了土地利用结构优化。但是，随着国家对增减挂钩，占补平衡政策的变化，尤其是暂停执行异地占补平衡政策。土地跨区域流转被迫暂停，"地票"形式推动土地要素流动和配置的作用受到一定程度上的限制。

3. 实行"两换"改革，解决农民进城后住有所居，老有所养问题

农村人口城镇化是经济社会发展的必然趋势。成渝两地一方面开放"城门"，允许农村人口进城从事工商活动；另一方面还针对农村居民和家庭缺少进城所需初始资本，缺少社会保障，进城购房成本过高，现阶段政府不具备承担所有进城农民社会保障的能力等实际情况，实行了以农村宅基地置换城镇住房、以承包地换社会保障的"两换"改革。例如，重庆市对凡拥有稳定非农收入来源，又自愿退出宅基地使用权和土地承包经营权的农户。可以申报为城镇居民户口，并在子女入学、就业扶持、养老保险、医疗保险、生活保障等方面享有城镇居民同等待遇。

农村居民宅基地置换城镇住房、承包地换社会保障的改革，不仅可以解决城镇化过程中农民住有所居问题。使农民有能力承担一部分养老保障费用，而且也可以减轻政府在养老保障建设上的即期压力和负担。实际上，不管是以宅基地换住房还是以承包地换养老保障，都是城乡要素的一种交换和重新配置。

4. 实行"大财政"体制，支持农村公共服务和社会事业发展

首先是改革区县财政体制，实行财政支出全市域统筹，财政市域统筹可以使经济社会发展相对落后的区县得到市级财政的更多支持，有利于增强小区县之间因财政实力不同出现的发展差距。其次是实施"大蛋糕与大比例"战略。建立新型城乡分配关系，即在做大地区经济这块蛋糕的同时，经济发展成果的分配大幅度向农村倾斜，尤其是向农村社会事业发展倾斜。成都市在公共财政支出方面实行两大倾斜，即向相对落后的郊区县倾斜，向民生和公共服务领域倾斜。

5. 实行"三个集中"，促进工业化、城镇化和农业现代化协调发展

如何推动工业化、城镇化和农业现代化协调发展，不仅是中国经济社会转轨需要解决的

重要课题,也是摆在大城市带动大农村的成渝城乡发展一体化面前的一道难题。为化解这道难题,成渝两市实行了工业向园区集中,人口向城镇和社区集中,耕地向现代生产经营主体集中的"三个集中"模式,以推动工业化、城镇化和农业现代化的协调发展。

工业向园区集中,可以使城乡产业联系更加顺畅,降低交易成本,释放产业规模效益、范围经济和溢出效应。有利于生产技术进步与竞争力提升,有利于降低基础设施建设投入成本,有利于工业化的推进。工业集聚将进一步带动第三产业发展,而第二、第三产业的蓬勃发展又为农民就业创造了条件,促进农民向城镇转移,推动城镇化进程,农民向收入更高的非农部门转移,以及农村人口城镇化,推动了耕地流转和规模集中,促进了现代农业发展。

二、对成渝模式的简要评价

成渝城乡发展一体化模式的特点是大城市带动大农村,其能否实现的关键在于体制机制改革,在深化体制机制改革方面,成渝两市都做出了探索和突破,如以"地票"为主的土地交易形式创新,宅基地换住房、承包地换社会保障的创新。这两方面创新,对全国城乡发展一体化探索产生了深远影响和积极推动作用。但是,不可否认的是,城乡发展一体化面临着诸多体制机制障碍,"地票"形式在创新土地交易的同时,也受到政策改变带来的影响。因此,要顺利推进城乡发展一体化,必须毫不动摇地加快破除城乡二元结构的各项改革。

第二节　注重区域协调发展的杭州模式

中国不仅城乡之间发展差距较大,而且地区之间和城市内部发展也很不平衡,即使像杭州这样发展水平较高的沿海地区,其内部发展不平衡问题也较为突出。为了消除各区县(市)发展的不平衡,近年来杭州市采取了以区域协调发展为突破口来推进城乡发展一体化的方式。

一、杭州模式的特点和主要做法

杭州市下辖 8 个城区、3 个县级市和 2 个县。8 个市辖区中萧山区和余杭区是由原来的萧山县和余杭县通过县改区转变而来,包括东部萧山和余杭两区在内的杭州市市区,与杭州市西部临安、富阳、桐庐、建德和淳安五县(市),其经济发展水平存在较大差距,在政府政策的支持下,虽然近年来西部五县(市)经济发展速度加快,但目前东西差距依然较大。如果按常住人口计算,杭州市市区人均生产总值达到 98697 元,而西部五县(市)只有 64200 元,市区是西部五县(市)的 1.54 倍,其中萧山区是淳安县的 2.25 倍;如果按户籍人口计算,市区则是西部五县(市)的 2.25 倍,其中萧山区是淳安县的 3.74 倍。针对城乡之间、区域之间经济发展不平衡状况,杭州市在推进城乡发展一体化过程中,主要采取了以下做法。

1. 改革创新保障城乡区域发展一体化

针对二元结构体制机制。杭州市进行了五方面改革与创新：一是建立城乡区域一体的规划建设体制机制，完善城乡区域一体化规划体系，为统筹推进城乡区域建设提供保障；二是实行功能分区，建立城乡区域产业发展一体化的体制机制，形成主导功能明确、产业特色鲜明、城乡区域联动的产业发展格局；三是建立城乡区域一体的生产要素配置体制机制，建立城乡区域一体的劳动力市场、土地流转市场、资本市场，推动生产要素在城乡区域之间的合理流动与高效配置；四是建立城乡区域一体的公共服务建设与供给体制机制。建立杭州市对西部五县（市）公共服务建设与供给的财政转移支付制度，加快推进城乡区域公共服务均等化进程；五是建立城乡区域一体的社会保障体制机制，在建立并完善农村社会保障体制机制的基础上，及时推动新型农村合作医疗保险与城镇居民医疗保险并轨，以及新型农村社会养老保险与城镇居民社会养老保险并轨，并将主城区农民工统一纳入城镇职工基本养老保险范围，实现城乡区域一体化。

2. 新型城镇化引领城乡区域发展一体化

推动"四化"同步发展是解决城乡区域发展不协调问题，实现以工促农、以城带乡，促进城乡发展一体化的必然选择和必经之路。为此，杭州跳出为城镇化而发展城市的思路，提出走大中小城市协调发展，城市与农村互促共进的新型网络化城市发展道路。以新型城镇化引领城乡区域发展一体化，即在城镇体系建设中按中心城市要求规划建设杭州市区。按中等城市要求规划建设县（市）城，按小城市要求规划建设中心镇，按社区要求规划建设中心村和特色村，形成中心城市—中等城市—小城市特色镇—中心村—特色村的网络化城镇体系，并通过不同规模城、镇、村之间的有机联系，实现市域范围内城乡区域资源优化配置，优化城乡区域产业和人口空间布局，使网络内不同城市和城镇发展，都具有资源、产业和人口支撑，增强不同城镇以工促农、以城带乡功能，使不同层级城镇具备与其职能相适应的城乡区域统筹发展能力，为全市城乡区域发展一体化奠定基础。

3. 东西互助促进城乡区域发展一体化

杭州市城乡发展一体化要缩小城乡发展差距，更要缩小区域发展差距。西部五县（市）虽然在杭州市属区县市中经济发展水平较低，但是在浙江省则属于经济发展水平较高的县市，因而难以得到省财政重点照顾。针对省财政直管县体制不利于西部五县（市）发展的现象，杭州市在城乡区域发展一体化过程中，创新财政和资金支持方式，除建立了市财政对五县（市）的财政支持体制外，还在财政支出引导下，积极推动以东带西、东西互助，市县联动发展；实施旅游西进，交通西进，基础设施西进；加强市区与县市产业对接和组合，提高产业聚集度；推进五县（市）城镇建设，加快五县（市）融入杭州大都市步伐，实现由郊区县（市）到城区的转变。东西互助有利于生产要素在区域之间的合理配置，有利于产业在区域之间合理调整与布局，因而对杭州城乡区域发展一体化起到了积极促进作用。

4. 政府主导推动城乡区域发展一体化

政府在推动城乡区域发展一体化中具有主导地位。一方面是因为政府有履行促进城乡经济社会协调发展的职责，另一方面还由于现阶段政府手中握有较多城乡区域发展一体化所需要的资源，以及政府可以在更高层面、更广泛的领域和空间发挥其他组织无法替代的作用。政府作用能否发挥，既取决于政府对城乡区域发展一体化的认识程度，还取决于政府的执行力度。

杭州市先后出台了一系列政策文件，成立了由杭州市主要领导亲自挂帅的城乡区域统筹发展工作委员会，以及各级城乡区域统筹发展工作推进领导小组，成立5个区县（市）协作组。建立并完善了城乡区域统筹发展的工作机制，建立了推进城乡区域统筹发展的资金支持体系。杭州市各级政府在推进工作中表现出来的自觉意识和行动，为减少城乡区域发展一体化的行政成本、提高城乡区域发展一体化工作效率提供了保障。

5. 社会协同参与城乡区域发展一体化

在城乡区域发展一体化过程中，能不能调动作为主体的广大城乡居民、企业和社会组织参与城乡区域发展一体化建设，形成政府与社会力量互补，对城乡区域发展一体化的顺利推进至关重要。对此，杭州市开展了社会协同参与的"联乡结村，互助发展"活动，即在城乡区域发展一体化过程中，推动市属有关部门、单位、企业和社会组织与西部五县（市）的经济欠发达的乡镇、村庄和企业发展。社会协同参与城乡区域发展一体化，起到了拾遗补阙的作用，而且一些帮扶项目针对性强，市场化运作率高，取得了双赢和多赢效果，在推动城乡区域发展一体化方面的作用显著。

二、对杭州模式的简要评价

杭州模式的成功之处在于，首先，把缩小城乡发展差距与缩小区域发展差距有机结合起来，通过缩小区域发展差距来推动城乡发展一体化。其次，构建网络化城镇体系。通过加强网络上各结点的城镇功能建设，让不同规模城镇在以城带乡、缩小城乡区域发展差距上发挥最大带动力。最后，根据杭州市社会力量较强的特点，建立了调动社会力量以不同方式参与城乡区域发展一体化的机制，以弥补政府力量的不足。

第三节　共享型融合发展的莱芜模式

莱芜市是一座以钢铁产业闻名的中等城市。全市土地总面积2246km²，总人口129.9万，下辖莱城区、钢城区、高新技术开发区和雪野旅游开发区，是山东省钢铁生产和深加工基地、能源基地、国家新材料产业基地、现代农业综合示范基地。莱芜市作为山东省统筹城乡发展改革试点城市，把统筹城乡发展作为加快转变经济发展方式的重要突破口。积极推进"六个一体化""三个集中""两股两建"和"五个融合",初步构建了城乡体制基本接轨、产业相互融合、社会协调发展、差距明显缩小的发展新格局,形成了具有莱芜特点和示范带动效应的共享型融合发展模式,在全国具有典型性。

一、莱芜模式的特点和主要做法

自2003年以来,莱芜市积极探索具有自身特点的城乡统筹发展实践,经历了以"镇村自主创业"和"农业产业化"为标志的城乡统筹初步探索时期,以"六个一体化、三个集中、两股两建"为标志的城乡统筹全面推进时期和以"保障民生,融合共享"为标志的城乡统筹深入推进时期,目前已经初步形成了以"共享型融合发展"为本质特征的城乡发展一体化模式。其主要特点和具体做法表现在以下五个方面。

1. 大力推进"六个一体化"

一是按照经济区域化、产业集群化、资源配置市场化、城乡产业融合化思路,对莱芜全城实行一体化规划,并注意各种规划之间的衔接性,发挥规划的引领作用;二是实行城乡产业一体化发展,优化产业布局,集中建设三大产业板块;三是实行城乡基础设施一体化建设,推动城市供水、供电、供气、通信等基础设施向农村延伸,完善农村公用基础设施配套建设,进一步缩小城乡基础设施差距;四是实行城乡公共服务一体化建设,推进城市公共服务资源向农村配置,公共服务向农村覆盖,城市文明向农村传播,解决农村公共服务资源短缺问题,优化城乡公共资源配置;五是实行城乡社会事业一体化发展,破除城乡壁垒,建立健全城乡一体的养老、医疗、住房、救助等十大民生保障体系,实现民生保障城乡居民全覆盖;六是实行城乡社会管理服务一体化建设,整合城乡社会管理资源,推动社会管理重心下移,将社会管理延伸到新型农村社区和重点村,着力打造农村社区化管理服务平台,为农村居民提供全方位社会服务。通过实施"六个一体化",有效地推动了莱芜城乡融合发展。

2. 积极实施"三个集中"

针对产业集中度高、产业关联度高、居住集中度高和城镇人口比重大的特点,莱芜市在城乡发展一体化过程中,大力推进农业向规模经营集中,工业向园区集中,人口向新城镇新社区集中。通过实施"三个集中",有效提高了莱芜城乡资源要素的配置效率,促进了城乡经济的集聚发展,集约发展。

第一,出台鼓励土地承包经营权流转政策,建立健全各级各类土地承包经营权流转服务机构,积极探索土地承包经营权流转形式,推动农业向规模化经营转变。出台"双奖"制度,由市财政对组织流转耕地的村集体、农户和企业,分别给予每亩一定额度的货币奖励。按照依法、自愿、有偿原则,积极推动"企业+村级组织+农户"的土地租赁合作模式、"企业+合作社+农户"的带地入社模式、企业带动下的"农户+农户"转包经营等多样化土地流转模式,稳步推进土地承包经营权流转,促进农业生产规模化经营。

第二,遵循"项目集中、发展集约、产业集群、污染可控、环境治理"原则。高起点规划建设高新技术产业示范区和工业园区,出台一系列鼓励工业企业向两区集中的政策。例如,为了有效解决工业布局分散,特别是针对部分地处偏远山区、水源保护区或生态脆弱地区的乡镇不适合发展工业的客观现实,莱芜市政府出台了一系列项目管理和利益分配政策,引导和鼓励这些乡镇突破行政区域界限,将招商引资项目异地安置在高新区、工业园区等集聚发展。

第三,取消按城乡划分的户籍登记管理制度,建立统一的居民登记和管理制度。积极探索根据居民有无承包地调整最低生活保障、抚恤优待、退伍军人安置等政策标准,逐步消除附加在户籍制度上的养老、医疗、计划生育等各种城乡差别。同时,大力推进新城镇、新社区建设和"城中村"改造,完善用地和拆迁补偿、就业安置等政策,促进人口集中居住。

3. 深化"两股两建"改革

"两股两建"改革是指土地承包经营权股权化、农村集体资产股份化和建立新型农村合作经济组织、建立城乡建设用地流转制度的改革。

为促进农业规模化生产和加强现代农业建设,在整持耕地集体所有,家庭承包经营和耕地用途不变等基本政策的前提下,莱芜市选择农业产业化基础较好、农业能实行企业化管理或有外来企业投资开发的村,进行土地承包经营权股权化改革。第一步是对农村土地承包关系确权登记,并发放土地承包经营权证。第二步是把农民土地承包经营权量化为股权,如雪野旅游区黑山村,按 0.7 亩耕地折算为一股的标准,将全村 405 亩土地承包权折算为 579 股个人股,将 115 亩集体经济林地折算为 164 股集体股,成立了"黑山村土地股份专业合作社",与丰远集团合作进行开发经营,通过土地承包经营权股权化改革,不仅实现了土地承包经营权的价值量化,而且为农民以股权形式流转承包土地的经营权、获取承包土地的资本化收益提供了合法、合理标准,推动了土地承包经营权流转,维护了土地承包经营农户利益。

对集体资产或经营性资产进行股份制改造。一是先将集体资产划分为集体股和个人股,规定集体股不能超过总股份的30%,集体股收益主要用于养老、托幼、计生、优抚、抚恤等公益事业发展。二是按集体经济组织成员人数、个人"农龄"等因素将个人股分为人口股和"农龄股",前者体现公平,人人都有,后者按对集体资产贡献大小来分配,体现贡献率。然后按各人应得份额将股份分配到人,实行股随人走。股份化后集体股和个人股可以股份形式参股企业,也可以参股农村新型合作经济组织,股权可抵押、继承、出售、转让,但不得退股提现。集体资产股份化后,有利于资产所有者对资产使用进行监督,有利于集体资产保值增值,有利于维护集体资产所有者利益。

结合土地承包经营权股权化改革,莱芜市出台各种激励政策,鼓励新型农业经营主体发展,促进农业生产经营方式转变,提高农民组织化程度和农业产业化水平;鼓励集体建设用地流转,建立城乡建设用地统筹合理安排、农村建设用地指标有偿使用机制,解决城市建设用地不足与农村集体建设用地存在不合理使用的矛盾。同时,积极探索农村土地承包经营权质押贷款、集体土地房屋抵押贷款、集体林权抵押贷款等多项农村产权贷款融资办法。

4. 推动"五个融合"

加强和推动多层次的城乡融合,构建新型城乡工农关系,是形成城乡发展一体化新格局的需要。莱芜的具体做法如下:一是推进产业融合,重点是提高产业布局的科学性,着力打造乡产业融合聚集区,加大产业组织创新力度,鼓励不同所有制形式企业之间的重组和股份制改造,实现城乡产业深度融合;推动农业规模化、产业化和标准化建设,提高农业生产竞争力。二是加强市场融合,建立城乡统一的劳动力市场。对城乡劳动力就业和技能培训实行统一管理与服务,为城乡劳动力提供一体化的社会保障,建立城乡统一要素市场,以"两股两建"改革为突破口。推动集体建设用地有序流转,提高集体资产流动性,构建一体化的城乡商品市场体系,满足城乡居民日益增长的消费需求。三是实现居民融介,取消按城乡划分的居民身份登记和管理制度,实行城乡居民身份一元化登记和管理;通过城镇化推动城乡居民居住空间融合和住房保障融合,消除因城乡区别产生的各种不平等待遇。四是促进社会融合,积极推动社会保障体系融合。建立健全农村社会保障体系和社会保障网,不断提高保障水平,积极推动社会保障标准的城乡接轨,推动城乡社会服务融合,建立一体化服务组织,实行一站式服务。五是实施生态融合,加强生态建设投入,重点推进节能减排建设,鼓励发展循环经济,对城乡污染进行综合治理,加强城乡饮水安全建设,大力推动环境整治,建设美丽乡村。通过推进"五个融合",打破城乡分割的发展格局,实现了城乡资源共享、发展机会共享、发展公共服务共享和发展成果共享。

二、对莱芜模式的简要评价

莱芜模式的特点是以"两股两建"改革为突破口,以"六个一体化"和"三个集中"为路径,在全面推进产业融合、市场融合、居民融合、社会融合、生态融合的基础上,实现发展资源、发展机会、发展公共服务和发展成果的城乡共享。因此,莱芜模式的本质就是以"四个共享、五个融合"为特点的共享型融合发展。城乡融合是城乡共享的基础也是前提,没有城乡融合就不可能有城乡共享。从城乡分割走向城乡融合,从城乡分享走向城乡共享,实际上是城乡、工农利益关系的调整与优化。莱芜模式的成功之处就在于正确处理好了城乡工农关系。

第四节　"四化"协调发展的八里店模式

中国有 3.33 万个乡镇,其中建制镇 1.97 万个。这些小城镇不仅是中国城镇金字塔中数量最多的基础,也是架在大中小城市与农村之间的桥梁。它们在城镇体系和市场网络中意义重大,没有次中心、亚中心,主中心也就不复存在;没有农村、镇、小城市在整个市场网络中相互的联系,整个市场体系也就无法正常运转。正因为如此,以小城镇为中心的农村市场中心建设是促进农村地区发展的重要潜在力量。施坚雅也认为,处在基层市场社区中心的集镇一旦完成了向较高层次集镇的变革,成为整个都市网络圈中的基础城市,其对基层市场社区所覆盖的村庄的影响更强。此外,费孝通给我们描述了开弦弓村村民是如何与城市工业发生经济联系的,以及该村村民是如何接受现代工业影响的全部过程。中外学者关于小城镇在工业化和引领农村经济社会发展方面的论述,揭示了小城镇在工业化、城镇化和农业现代化中的重要作用。浙江省湖州市吴兴区八里店镇(南片地区)推进城乡发展一体化的经验,对全国小城镇统筹城乡发展具有重要的借鉴意义。

一、八里店镇模式的特点和主要做法

八里店镇是浙江省湖州市吴兴区的一个镇。经过浙江省政府批准,该镇南片地区成为省级新农村综合改革试验区。八里店镇南片地区,南接申嘉湖高速,北临长湖申航线,西至318国道外环线南延,东连南浔区旧馆镇,总面积34km²,区内有6个行政村,101个自然村,农户4406户,人口16083人,耕地总面积18820亩,养殖水面面积4990亩,宅基地面积2303.7亩。该地区距湖州市中心城区5km,与东部新区隔河相望,是湖州离中心城市最近的农村区块之一。目前,八里店镇(南片地区)已建成标准农田1.1万亩,建立了移沿山现代农业示范园,形成了沿山木线条加工、尹家圩经编织造、紫金桥玉米种植、路村淡水鱼养殖等一批特色专业村,区内84%的农村劳动力已实现非农就业转移,在推进城乡发展一体化方面,八里店镇(南片地区)采取了以下措施。

1. 加快体制机制创新,为城乡发展一体化保驾护航

针对当前发展中存在的诸多问题,八里店镇(南片地区)结合土地利用总体规划修编时机,对镇域总体规划和村庄布局规划进行调整,科学编制、认真实施土地综合整治规划及各类专项规划,统筹安排区内生产、生活、生态等用地规模和布局,并为整体推进社区建设、产业发展、公共事业发展、农田水利建设、生态保护等实行了以下六方面创新:一是围绕土地流转和农业园区建设经营,创新现代农业可持续发展机制;二是围绕农村土地综合整治和加快农房改造建设,创新社区规划建设管理机制;三是围绕特色经济发展,增加村级收入和促进农民增收,创新富民强村增收发展机制;四是围绕生态保护和美丽乡村建设,创新生态文明建设示范机制;五是围绕改善民生,提高农民素质,促进社会和谐,创新基本公共服务供给机制;六是围绕破解城乡发展一体化资金瓶颈,创新区域建设投融资机制。这六方面机制创新,为顺利推进城乡发展一体化提供了保障。

2. 以社区建设为抓手,缩小城乡社会发展差距

中国村庄人口规模比较小。一般来说一个自然村人口为100~200人,一个行政村人口为2000~4000人,而且比较分散。受此影响,公用基础设施建设和公共服务成本要比人口适度规模集中居住状况下的建设和服务成本高。例如,在新农村建设中实行的村村通公路,其中一些地处偏远,或者山区的村,修筑公路的成本就较高。再如,为了让每一名农村适龄儿童都能接受义务教育,只好村村办小学,哪怕这个村庄只有十几名孩子,也要办一所小学。

因此,公用基础设施建设和公共服务的效率就会受到严重影响。打破村庄人口规模过小,在现有行政村基础上实现人口适度规模集中,是降低公用基础设施建设和公共服务成本,提高公共服务效率的有效途径之一。

中国正处于城镇化快速推进时期。一方面农村人口进城步伐在加快,另一方面以新型农村社区建设为主的就地城镇化得到了快速发展。新型农村社区建设与以往农村人口向小城镇迁移有着许多明显不同,也与以往政府主导下对村庄行政隶属关系调整引发的人口居住空间调整截然不同:一是人口居住空间调整形式多样,既有向农村小城镇集中,也有就地以一个行政村为主实行多村合并,但无论是向小城镇迁移,还是实行多村合并的新型农村社区建设,都是城镇化和经济社会发展进步的体现。二是实行综合配套建设。新型农村社区建设过程中突出了产业园区、公共服务和公用基础设施配套建设,社区居住、就业和服务功能与城镇接轨。如果新型农村社区建设仅仅只是做到了人口集中而没有就业支撑、公用基础设施改善和公共服务效率提高,那么这样的人口集中居住只不过是传统村庄的叠加,就村庄而言没有发生实质性改变。

八里店镇(南片地区)在建设新型农村社区的同时,从缩小城乡基础设施、公共服务和社会事业发展差距着手采取了以下措施:一是利用靠近吴兴城区的有利条件,将城区水电气路等基础设施向农村社区延伸,改善了生产和生活环境条件;二是配套建设相应的医疗、教育、文化、就业,以及社会管理服务等机构,实行城镇化管理;三是建立健全社会保障体系,实现对社区成员的社会保障全覆盖;四是根据经济发展情况。本着先易后难、先少后多的原则,逐步实行农村居民社会保障标准与城镇居民社会保障标准接轨,全面缩小城乡居民社会保障方面的差距。

3. 实行全域统筹建设,推动"四化"协调发展

实行全城统筹建设,推动工业化、城镇化、农业现代化和信息化协调发展,是八里店(南片地区)城乡发展一体化采取的一项重要举措。具体做法体现在三个方面。

第一,成立负责全域统筹开发领导小组。在领导小组直接领导下,对全域城乡建设、经济发展和社会发展进行中长期规划。科学规划居民生活区、工业生产活动区、农业生产活动区以及行政管理办公区并统筹建设。

第二,实行全域一体化开发建设模式,提高建设效率。八里店镇(南片地区)采用市场化的开发建设模式,即在全城统一规划的指导下,成立一个专门性开发公司,由公司按照规划要求筹集建设资金,同时对全域土地进行整治,整治后集约节约出来的集体建设土地,在区域内封闭使用,统一开发和实施建设。

第三,实行"三项"统筹,增强协调发展能力。为更好和更有效推动城乡发展一体化,八里店(南片地区)在建设和发展过程中实行了三项统筹:一是统筹农业、工业和第三产业发展,完善各园区建设,实行统一招商引资,推进全域工业化、农业现代化和现代服务业同步协调发展。二是统筹全域公路、公交、电力、供水、邮政、信息、电信、广电等基础设施建设,全面

治理农村污水、垃圾等方面污染源。三是对全城居民就业、养老、医疗、救助,权益等五大社会保障事业,以及教育、公共卫生、公共文化、农技推广、商贸流通等五大服务领域进行统筹建设,确保社会保障和公共服务与经济协调和谐发展。

二、八里店模式的实效及其评价

1. 八里店城乡一体化的成效

围绕解决"三农"发展这个大目标,按照工业化、城镇化、农业现代化和信息化同步推进、协调发展要求。八里店镇(南片地区)以农村居住向新型社区集中、家庭工业向工业小区集中、农业生产经营向现代经营主体集中为抓手,在34km²土地上高起点规划、高标准建设、高速度推进工业生产功能集中区、现代农业生产功能集中区和农民生活功能集中区建设,推动城乡发展一体化发展。

目前,八里店镇(南片地区)城镇道路框架基本成形,生活基础设施和公共服务设施"成龙配套",包括紫金桥、永福、移沿山在内共34万平方米新型农民居住社区建设基本完成,绝大部分农民告别了传统村庄搬入新型农村社区居住,不仅实现了居住条件和环境的根本改善,而且教育、医疗卫生、养老等社会事业得到了迅速发展,低保和社会救助方面实现城乡接轨。城乡差距逐步缩小;围绕稻谷、瓜果蔬菜、特种水产"三个万亩园"的现代农业生产功能区,对促进农业增产和农民增收发挥了重要作用。现代农业发展水平得到极大提高;"家家点火、户户冒烟"的家庭工业全部进入工业园区,工业污染得到有效控制,城乡产业深度融合取得显著成效。

2. 对八里店模式的简要评价

八里店(南片地区)城乡发展一体化特点比较明显,一是通过功能区建设,实现人口居住城镇化、产业发展园区化、农业生产专业化,把全域统一开发与新型工业化、新型城镇化、新型农业现代化和信息化很好地结合起来,体现了产城互动、工农互惠、城乡互利发展。二是通过城镇基础设施和公共服务功能向新型社区延伸,扩大了城乡融合的深度与广度。三是创新土地使用制度,集体建设用地整治后节余的土地不实行区外置换,全部用于八里店(南片地区)城乡发展,让改革红利惠及区内全体居民。

第五节 产业园区带动的中鹤模式

从城乡发展一体化的角度来说,不同产业园区所起的作用并不相同。有的产业园区从人口和产业聚集规模上来看,本身就是一座城市,形成了以园促城、产城互动的发展格局,但这些园区除了在征地和用工上与当地产生一些联系外,实际上在以城带乡、推动当地农村和农业发展上,并没有建立起一种互动互促关系,其对农村发展的影响较小,相反,有一类产业园区的发展与农业和农村息息相关。这类产业园区通过参与新型农村社区建设,不仅实现了自身发展,而且也推动了当地城乡发展一体化,河南鹤壁的中鹤产业园就是其中的一个典型代表。

一、中鹤模式的特点和主要做法

中鹤产业园坐落在河南省鹤壁市浚县王庄镇,是中鹤集团自主建设的以小麦、油料加工及延伸产品生产为主的产业园区。中鹤集团成立于 1995 年,是河南省著名的农业产业化龙头企业。中鹤集团在发展过程中遭遇了两个明显瓶颈:一是集团扩大再生产的工业建设用地很难解决;二是集团加工的小麦绝大多数都依赖于从外地收购,小麦质量缺少必要保障。因此,从解决企业扩大生产规模和建设自有优质小麦生产基地的角度考虑,中鹤集团主动出资参与当地新型农村社区建设,不仅解决了上述两个发展瓶颈,而且通过产业园区带动,实现了农业生产规模化经营,形成了以工促农、以城带乡、工农互促、产城融合的城乡发展一体化格局。

1. 以新型城镇化引领推动工业化

王庄镇下设 13 个行政村,有 6 万多名农村户籍人口,13 万亩耕地,是一个以小麦生产为主的乡镇。中鹤集团以新型城镇化引领推动工业化的具体做法:一是对全镇按照居民生活居住区、工业园区和现代农业园区进行功能分区和规划;二是计划用 2~3 年时间分三期投资建设"中鹤新城"新型农村社区,最终让全镇 6 万多农村人口搬入新型农村社区居住;三是将农村人口集中居住后节约出来的集体建设用地,按政策要求进行复垦,结余指标用于工业园区建设,推动工业生产发展。一座集路、电、气、水、电信、垃圾和污水收集等基础设施完备,教育、医疗卫生、文化体育等公共服务齐全的"中鹤新城"初步建成,部分农村居民已入住新城。与此同时,一座占地 3km² 的中鹤产业园已进入最后建设阶段,预计建成后可以大幅度增加中鹤集团的产值。"中鹤新城"建设,一方面大大推动了王庄镇农村人口城镇化进程,另一方面又有利解决了企业发展用地瓶颈,推动了中鹤集团的发展。

2. 以新型工业化促进农业现代化

农业劳动力向非农产业转移主要受到两方面力量的影响:一是来自农业劳动生产率提高产生的农业内部对劳动力的向外推力;二是来自非农产业高工资收益产生的拉力。中鹤产业园较高的职工工资性收入不仅对王庄镇农业劳动力有较大吸引力,而且产业园区规模可以完全满足王庄镇劳动力的就业需要。在这样一个背景下,王庄镇大量农业劳动力进入产业园区工作,为中鹤集团以工促农、工业反哺农业,实现农业规模化生产创造了条件。一是通过建设中鹤产业园,吸收全镇 4000 多名劳动力进入园区就业,实现劳动力就地转移;二是以租赁方式将全镇 13 万亩耕地从农户手中租赁过来,租赁期 30 年,租金以当地平均亩产 1000~1200 斤小麦折现计算,建立自有优质小麦生产基地,实现农业规模化生产,确保小麦生产质量;三是中鹤集团出资对租赁农田进行高标准建设,中鹤集团已完成 3 万亩的土地综合整治,新打机井 600 多眼,铺设地埋管道 500 余千米,架设电力线路 50km,修建道路 60km。

二、对中鹤模式的简要评价

新型农村社区以及与此有关的工业园区建设,已经成为新型工业化、新型城销化、新型农业现代化和信息化的重要内容。从发展的角度上来看,以新型城镇化引领推动新型工业化,新型工业化支撑城镇化和推动农业现代化建设的中鹤模式具有普遍性。中鹤模式之所以能够在以工促农、以城带乡、工农互促、产城融合发展等方面上取得成功,最主要的因素是建立了以市场为基础、以利益为纽带的新型城乡工农关系。这样的城乡工农关系相互制约、环环相扣、一荣俱荣、一损俱损,任何非帕累托的制度改进,都将打破利益平衡,破坏已形成的城乡工农关系,并危及城乡发展一体化。因此,从利益关系构建的角度出发,必须要彻底破除导致城乡二元结构的旧的城乡工农关系,建立以市场为基础,以利益为纽带的新型城乡工农关系,是实现城乡发展一体化的根本保障。

第 七 章　开放型经济对城乡融合的影响

随着社会的不断发展,开放型经济也越来越多地被人们了解,本章主要讲述的是开放型经济对城乡融合所产生的影响。

第一节　发达国家和地区的全球化与城镇化

一、发达国家和地区的全球化

经济全球化是指世界经济活动超越国界,通过对外贸易、资本流动、技术转移、提供服务、相互依存、相互联系而形成的全球范围的有机经济整体。经济全球化是当代世界经济发展的重要趋势,毋庸置疑,经济全球化并不代表每个国家都能从中受益,它取决于国际制度和规则。在现行的国际制度下,发达国家和发展中国家作为两种不同类型的国家,经济全球化给他们带来的影响是不同的。对于发达国家而言,经济全球化给它们带来的利益远多于发展中国家。首先,国际通行的制度是由发达国家主导的,国际规则在很大程度上体现了其国内规则的特点,不存在与国外规则的严重冲突。其次,因为主导着国际制度,发达国家可以使其他国家承担更多的来自制度以外带来的不确定性和额外成本,从而转嫁成本,规避风险,再次,发达国家通过国际制度、规则极大地发挥了其优势和保护其劣势。最后世界经济中的"集权"效应,由于他们所具有的各种优势,使得发达国家能够从全球化中获得远比发展中国家多得多的利益。

扩大贸易规模。全球化的快速发展,促进了世界多边贸易体制的形成,使得国际贸易增长势头迅猛,其增长速度已大大超过世界国内生产总值的增长。发达国家成为最大的受益方。发达国家不仅是国际贸易的规则制定者,而且也成为国际贸易的垄断者。一方面贸易自由化会极大地促进发达国家出口的增长,另一方面全球贸易实际上为发达国家所垄断,发达国家的科技开发与应用更加直接地促进了自身以及全球贸易的发展。

加速经济扩张。全球化为发达国家提供了更加广阔的经济活动空间,使它们凭借各自的优势和经济实力不断扩大经济势力范围,在全球获得更大的销售、投资和劳动力市场,谋取最大的经济利益。在经济全球化极大地促进发达国家跨国公司快速发展的同时,跨国公司的发展又进一步加快了经济全球化的进程。在这个互为因果的过程中,发达国家跨国公司发挥着越来越重要的作用，尤其是在国际直接投资中具有举足轻重的影响，是国际直接投资的主导力量。

促进产业升级。经济全球化带来的世界范围内的空前竞争，促使了发达国家经济向科技和资本密集型产业升级，在高新技术方面不断创新，研究开发和生产出技术和知识含量高的新产品，并及时推向市场，提高产品的国际竞争力。

推动人才引进。经济全球化为高技能劳动力的跨国流动创造了条件，而人力资源已经成为当前最重要的资源和各国争夺的焦点。吸引站在世界科技前沿和产业高端的高层次人才，越来越成为发达国家提高国际竞争力、实现经济可持续发展的迫切需要。凭借其优越的生活条件、先进的大学和研究机构、高技术企业集群等优势，吸引了大量海外人才，为发达国家的经济做出了重要贡献。劳动力的流入对于人口步入快速老龄化的发达国家来说也是有利的，它直接增加了这些国家的劳动力和间接降低他们对老年的依赖程度。

同时全球化也为发达国家带来了许多不利影响。

随着资本市场全球化的真正到来，在世界经济活动中，金融资产流动的规模之大、种类之多，让之前任何历史时期都相形见绌。巨额资本在全球的自由流动，在抑制各国通货膨胀率、压低全球利率水平的同时，也为房地产与股票市场从繁荣到衰退的周期性波动创造了条件，制造了一个又一个先繁荣后衰退的泡沫，为发达国家的经济安全稳定埋下了隐患。另外，全球资本市场的力量日益加强，影响力甚至已经超过中央银行。美联储和欧洲中央银行都发现，他们做出的调高短期利率的决定，对长期利率影响甚微，而长期利率会影响绝大多数借贷行为，最终将会作用于经济活动。

在经济全球化背景下，越来越多的劳动力成本较高的发达国家，通过将生产流程转移到劳动力成本较低的发展中国家而实现了效益增长。为了提高企业的效益，很多跨国集团通过雇佣海外工资水平较低的工人来取代本土高工资的雇员。这个现象也是许多发达国家工人的实际工资在一段时期内没有任何显著增长的一个原因。虽然经济全球化对发达国家的某些劳动密集型产业和就业会产生了不利影响，但是这种影响绝非像一些西方学者所讲的那样严重。美国经济学家对美国相关部门的调查表明，来自发展中国家的进口可能仅使制造业对非熟练工人的需求量下降6%。世界银行也认为，"工业国劳动力市场的困难只有10%~30%是与发展中国家的贸易所造成的"。

首先，发达国家的劳动力与资本家之间的收入差距日益增大，有资料显示，对于发达国家来讲，国民收入中的54%归属于劳动者，这已经创出了新低；而归属于资本家的部分疯涨到了16%的水平。据美国经济机构的报告显示，美国过去20年来贫富收入差距明显扩大，最富裕家庭的平均年收入已达最贫困家庭的平均年收入的7.28倍。再者，发达国家的不同产业在全球化中也收益不同，分配不均。中小公司、传统产业受到的冲击更多，大型跨国公司则可在全球范围内优化组合配置资源，抗风险和竞争能力较强，由此也扩大了一国不同地区发展的不平衡。比如美国"朝阳产业"集中的西部地区发展较快，传统产业和农业集中的东部地区则相形见绌。这种多层次的不平衡相互重叠交织，直接影响了不同利益集团对全球化的态度，加剧了发达国家社会内部的分化和不同阶层之间的利益冲突。

经济全球化是科学技术革命和生产力大发展的必然结果，是人类社会经济发展的客观趋势，它有利于生产要素在全球范围内的优化配置，如能加以正确引导和驾驭，也有利于各国各地区加强经济技术合作和世界经济的发展。同时也应看到，经济全球化是一把双刃剑，它对所有国家都有利有弊。现在，经济全球化是西方发达国家主导的，它们经济科技实力雄厚，掌握着制定国际经济规则的主导权，使这些规则充分顾及发达国家的利益。虽然经济全球化对发达国家经济也造成了一些诸如就业岗位流失、工资增长放缓等方面的不利影响，但与其在国际贸易和国际投资中获得的巨大经济利益相比是不可比拟的，因此总的来说经济全球化对发达国家利大于弊，获益匪浅。

二、发达国家和地区的城镇化

"城镇化"与"城市化"两词都翻译自英文单词"Urbani zation"，在日本的一些地区和中国的台湾地区被称为"都市化"，发达国家一般称为"城市化"，中国称为"城镇化"。城镇化与工业化一样是任何国家和地区由贫穷落后走向发达繁荣的必经之路。城镇化是工业化的必然趋势、农业现代化的重要因素、市场经济发展的必要条件。同时，城镇化又极大地促进工业化、经济市场化和现代化的发展。发达国家尤其是美国在城镇化道路上走在了世界前列，其在不同的发展阶段具有不同的增长特点。

20世纪是全球城镇化快速发展的时期，全球城镇化率在20世纪末达到48%，据统计，人世界发达国家城镇化水平达80%以上，一些发展中国家已达55%~60%。有些发达地区出现了以一个或几个大城市为核心，周围分布着成组成群中小城镇的都市连绵区。这种特大城市组群形态的出现是经济发展，特别是交通运输条件发展所促成的。可见全球城镇化不仅表现在数字上和比重上的提高，还包含着丰富的、空间形态上的发展变化，表现出多样的形势和特点。

城镇发展具有一定的规律性。综观世界各国城镇化发展，它不仅仅是人口的简单聚集，而且是整个社会基本形态由农业型社会向更高级城市型社会的转型，是经济增长和社会发展的晴雨表。它的发展水平往往是与工业化和经济发展相适应的，其进程一般沿着起步—快速发展—高位趋缓的轨迹来发展。在这一过程中，城镇化的形态特征与内在机制都发生着较为明显的变化，体现出鲜明的初期阶段、中期阶段、后期阶段三个阶段。

初期阶段——城镇化水平在30%以下，该阶段第一产业所能提供的生活资料不够丰富，国民经济总体实力薄弱，第二产业发展所需的社会资本短缺，所以城镇化的速度比较缓慢。

中期阶段——城镇化水平在30%~70%之间，该阶段城镇化发展进入加速期。人口和经济活动迅速向城市集聚，城镇化水平大约每年提高一个百分点，城镇在外延扩大的同时也开始了向内的发展。

后期阶段——城镇化水平在 70% 以上,该阶段是城镇化发展的高级阶段。这时城镇人口比重的增长趋缓甚至停滞,城镇化进入平稳阶段,城镇的职能更加复杂化和多样化,成为该区域的经济、科技、文化、商贸中心等。

综观国外城镇化发展的过程,我们可以归纳出以下两个特点:城镇发展需要一定的动力来推动。从各国的城镇建设的过程看,工业化是城镇化的基本动力,城镇化每前进一步往往离不开工业化的推动,如英国是世界上最早开始工业化和城镇化的国家。在工业革命的推动下,英国的城镇化进程十分迅速,曼彻斯特、伯明翰、利物浦等一大批工业城市迅速崛起、成长。德国的鲁尔地区、法国北部地区、美国的大西洋沿岸等地区都是在工业革命中随着资本、工厂、人口向城市的迅速集中形成的城市密集地区。工业化及所带来的资本扩张成为城镇化发展不可或缺的第一动力,可以说整个城镇化过程就是资本扩大再生产过程在城市地域的体现。

小城镇与大都市的发展要同步进行。在西方发达国家城镇化发展历史上,人们最先注意的是要优先发展大城市。从这一思路延伸下去,城镇化基本经历了从小城市、中等城市、大城市到都市区、大都市区的发展过程。大城市城区人口过于密集、就业困难、环境恶化、地价房租昂贵、生活质量下降带来一系列的弊端和问题。在这种情况下,人们开始重新审视城市发展的问题,小城镇的建设引起更多人的关注。于是人们向环境优美、地价房租便宜的郊区或卫星城迁移,就出现了人口尤其是大城市市区人口郊区化、大城市外围卫星城镇布局分散化的趋势,也就是所谓的"逆城镇化"。实际上逆城镇化不是城镇化的反向运动,而是城镇化发展的一个新阶段,是对小城镇重新审视的结果,这就说明小城镇与大城市需要同步发展,若是偏离轨道,只重视大城市发展则会危害无穷。

城镇化的模式与世界各国经济政治体制、经济发展及人口、土地资源等条件密切相关。按照政府与市场机制在城镇化进程中的作用、城镇化进程与工业化和经济发展的相互关系,可以将世界城镇化发展概括为两种模式:政府调控下的市场主导型城镇化,以西欧为代表;自由放任式城镇化,以美国为代表。

政府调控下的市场主导型城镇化。通过以西欧为代表的发达的市场经济国家,市场机制在这些国家的城市化进程中发挥了主导作用,政府则通过法律、行政和经济手段,引导城镇化健康发展。城镇化与市场化、工业化总体上是一个协调互动的关系,是一种同步型城市化。其特点是:工业化与城镇化相互促进,政府在城镇化过程中发挥着不可替代的作用。

以美国为代表的自由放任式城镇化。由于美国政治体制决定了城市规划及其管理属于地方性事务,联邦政府调控手段薄弱,政府也没有及时对以资本为导向的城镇化发展加以有效地引导,造成城镇化发展的自由放任,并为此付出了高昂的代价。20 世纪 90 年代以来,美国开始意识到过度郊区化所带来的灾害,提出了"精明增长"的理念。其主要内容包括强调土地利用的紧凑模式,鼓励以公共交通和步行交通为主的开发模式以混合功能利用土地,保护开放空间和创造舒适的环境,鼓励公共参与,通过限制、保护和协调实现经济、环境和社会的公平。

第二节 发展中国家和地区的全球化与城镇化

一、发展中国家和地区的全球化

(一)经济全球化对发展中国家的积极影响

改善资金和先进技术不足的局面。发展中国家在经济起步之初,为实现工业化,需要投入巨额资本和先进的工业技术,它们现实的资源贮备情况却是拥有丰富的劳动力资源,但是缺少资金和技术,这种资源供给结构不能满足工业化的需要。在经济全球化过程中,发达国家对外转移过剩资本和低附加值的劳动密集型产业,发展中国家可以利用这一机会吸引资本、技术,接手外来的产业,加快国内工业化的完成。外来的资本、技术有利于改善国内的资源供给结构,使得劳动力资源的优势得以充分发挥。

推动产业结构的调整和优化。在经济全球化条件下,伴随着各国经济科学技术的进步和外国直接投资的扩大,出现了全球性产业转移的浪潮。发达国家的产业结构在向高附加值的知识密集型产业升级过程中,将传统产业或劳动密集型产业逐步向要素成本低廉的发展中国家转移。发展中国家人力资源充足,劳动力成本低廉,成为传统产业转移的理想场所。全球性产业转移对发展中国家实现产业结构调整,加速实现工业化,是一个极为有利的条件,为发展中国家实现较快发展提供了良好的机遇。

推动对外贸易的扩大。目前世界贸易发展出现一个新特点,即制成品贸易在世界贸易中所占比重越来越大,而发展中国家在制成品贸易中的比重大幅度增长。发展中国家在大力发展劳动密集型产业的基础上促进产业结构升级,积极参与国际竞争,已经在一些工业制成品贸易和产业竞争中取得了竞争优势,促进了本国经济发展。

有力地促进了发展中国家的经济发展。发展中国家不仅在国民生产总值、国民收入等经济指标及技术方面落后于发达国家,在政治制度建设、发展方面也存在严重不足。专制、腐败、缺乏效率、社会动荡严重阻碍了发展中国家的社会进步。全球化作为一股巨大的浪潮猛烈冲击着发展中国家的政治制度,推动其实现政治发展。实践表明,发展中国家受全球化浪潮冲击越大,其实现政治发展的可能性就越大,伴随政治发展的深入,这些国家能更好地适应全球化的要求,迎接全球化的挑战。全球化下的金融危机确实给印尼、韩国造成了巨大的经济损失,却不可否认,由此引发的政治发展将会有力地推动这些国家的进步,全球化时代竞争更激烈、风险更多更大,专制腐败、无能的政府显然不能满足全球化的要求,所以随着全球化的深入,发展中国家的政治发展将会明显加快。

全球化有利于提高发展中国家在国际社会的地位。全球化进程的逐步深化将使各国之间形成"你中有我、我中有你"的局面，彼此相互依赖、相互渗透，共同利益不断增加。生态恶化、环境污染、人口爆炸、贩毒等全球性问题也将使发达国家与发展中国家结成命运共同体。在这种情况下，各国之间必须相互协调，只有相互协调、相互合作，才能维护共同利益，促进共同发展。

（二）经济全球化对发展中国家的消极影响

经济全球化最初是由发达国家发起并积极推动的，发达国家的根本目的是想通过自身优于发展中国家的强大经济、先进技术优势，在经济全球化市场中占领更多的市场份额，占据更多的话语权，进而不断地加强自身在国际经济领域中的各方面主动权，并不断地发展和保障自身在政治与军事领域的主导地位，进而使得国家利益最大化。然而广大的发展中国家却长期处于被动的地位，这也就使经济全球化给发展中国家带来了消极影响。

经济全球化一定程度上使有形主权和无形主权的超越。经济全球化在本质上是一个跨越国界的经济发展过程，这一过程的最终目标是世界经济一体化。因而，它势必要逐渐减少国家干预，甚至交出部分经济决策权。许多经济问题也将由全球协调和仲裁机构去解决和实施。由于有些经济活动要绕过政治层面直接进行，从而使某些国家的经济主权形同虚设。而现行的国际经济规则主要是由发达国家和其控制的国际经济组织制定的，多数没有考虑到发展中国家的利益，甚至有的还是在发展中国家缺席的时候制定的。往往某种产业发展规则是在发展中国家还没有充分发展此产业的时候就制定出来了，发展中国家必须遵守它们并未参与制定的规则，无力改变其不利地位，只能被动地接受，非常不公平。这样，发展中国家在部分丧失了国家的经济主权后，还有可能保护不了自己的利益，这着实让人叹息。

发展中国家面临巨大的金融风险，严重威胁其国家经济安全。广大发展中国家普遍存在着市场发育不成熟和宏观调控机制不完善的问题。首先，发展中国家经济实力弱，容易受冲击；其次，发展中国家立法不全，有利于投机；最后，发展中国家执法不严，有空可钻。总而言之，发展中国家缺乏一套成熟、有效的规则来规划和管理金融业的发展。如果金融市场在这样的条件下开放，发展中国家必将会面临巨大的金融风险。而发展中国家要实现工业化和现代化，其金融领域不开放是不行的。随着经济全球化中金融业和通信业的广泛深入发展，金融风险在交易中随时会发生，因为这些交易额已超过大多数发展中国家的国民生产总值。也就是说，在经济全球化和现代通信技术极为发达的情况下，资金的可交易性大大增强，国际资本根据利率变化调整资金流向也更容易。发展中国家与发达国家的利差导致国际资本流入发展中国家，但是有任何风吹草动，这些资本就可能在短期内撤离，造成这些发展中国家的支付困难，从而出现金融危机，严重威胁发展中国家的经济安全。

经济全球化给发展中国家的民族企业造成了严重冲击。与发达国家相比，发展中国家由于历史的原因，经济结构相对薄弱，资金匮乏，技术落后，市场发育不成熟，而经济全球化加大了对其民族经济的压力和冲击。对于广大发展中国家的民族企业来说，一方面，可以在经济全球化中得到更大的发展空间,实现资源的优化配置;另一方面,经济全球化也使其处在一个范围更大、对手更强的竞争环境中。发展中国家的民族企业在规模、效率、技术水平和研究开发能力方面都难以与发达国家竞争。跨国公司的品牌和产品充斥着发展中国家的市场。在对全球化进程缺乏有效管理的情况下,弱肉强食的"丛林法则"在其进程中就发挥了主导作用,这就可能导致那些拥有较大优势的西方发达国家的企业(如跨国公司)获得更多的利益,而那些处于相对比较弱势的发展中国家的民族企业获得的贸易条件很不利、只能得到很小的利益,导致其面临着被吞噬的危机。

经济全球化使发展中国家与发达国家之间的收入差距不断扩大。发达国家凭借其资金、技术、管理方面的优势和强大的经济实力,一直主导着经济全球化的进程,使得资源配置向对其有利的方向发展,使其成为最大受益者。并且由于发达国家具有更多的资金和技术的优势,因此大多数发达国家生产一些利润空间很大的资本和技术密集型的产品;而广大的发展中国家却在国际分工中生产加工廉价的初级劳动力密集型产品,并逐步沦为了发达国家的原材料基地,这就使发展中国家国际分工中的地位降低。这样就使许多国家的贫困加剧,世界贫富差距继续扩大。全球的不发达国家数由 20 世纪 70 年代的 25 个增为 20 世纪 90 年代中期的 48 个。目前,发达国家的人均国内生产总值最高的达 4 万多美元,而发展中国家的人均国内生产总值最低的只有 100 美元左右,比如莫桑比克。

经济全球化给发展中国家造成了环境的污染和生态的破坏。伴随着经济全球化的进程,大量发展中国家成为发达国家的原材料生产基地,这就给发展中国家的环境造成了不同程度的破坏。而更严重的是,多数发达国家将耗能高、污染大的产业建立到发展中国家,从而加剧了发展中国家资源的消耗和生态的破坏。

经济全球化使发展中国家无法保障民众受到的危机。发达国家政府可通过较完备的社会保障和失业救济等机制缓解全球化对其民众的冲击,而多数发展中国家尚未建立健全此类社会保障机制,缺乏规避风险和缓冲压力的能力。与发达国家相比,发展中国家在经济全球化进程中处于更为不利的境地。在此次美国发生的金融危机中,发展中国家的民众受影响的程度却比发达国家的民众要大得多。究其原因,这主要是部分发展中国家的社会保障体系不完善、失业救济机制不健全等因素造成的。

经济全球化使发展中国家的人才大量外流,特别是熟练人才和高级技术人才。为缓解人才供求矛盾,发达国家通过吸引留学生、技术移民以及企业招聘等形式从发展中国家"挖走"大量优秀人才。如美国从全世界移民了 15 万个"特殊人才",在美国大学深造的外国留学生共 49.1 万,这些学生的学成后相当大的部分将留在美国就业,从而提高了美国劳动人口的职业素质,同时也使许多发展中国家为美国变相支付了巨额教育经费和输出了大量优质人力资源。目前在美国 59% 的高技术公司里,外籍科学家和工程师占 90%。由于发达国家在市场环境、薪酬等方面优势明显,使得发展中国家的人力资源大量流向发达国家。

全球化有助于发达国家的文化侵略。发达国家占据着全球化的技术优势,通过覆盖全球的广播、电视、卫星、因特网等传媒向全世界传播其生活方式、文化传统、价值观念、意识形态,使发展中国家的传统文化与价值观念受到巨大冲击,文化主权遭到严重侵犯。

(三)发展中国家应对经济全球化的策略

经济全球化对世界各国来说,既是不可避免的严重挑战,又是可以利用的机遇。因此,发展中国家必须认真地进行研究,结合本国的实际采取相应的对策,才能发挥自己的比较优势,扬长避短,抓住机遇,缩小与发达国家之间的差距。笔者认为发展中国家应采取的对策主要为:

积极参与国际金融和贸易规则的制定与修订,维护发展中国家的利益。二战以来,西方国家已经制定过一些国际规则,如布雷顿森林协议、关贸总协定等,对国际经济的运行曾起到了积极的作用。但是,所有国际规则的制定和修订都是由西方大国主导的,都以西方大国利益为准绳。在发展中国家的坚持要求下,国际规则在某种程度上也反映了发展中国家的利益,但是总体上更有利于发达国家。因此,发展中国家要积极参与国际规则的制定和修订,珍视自己的发言权,争取和捍卫发展中国家的经济利益和经济安全。

不断地加强政府宏观调控,扶植民族企业。国家必须要建立有效的金融风险体制,一个发展中国家要想在经济全球化带动本国经济有一个良好的发展,政府的宏观调控是非常重要的,同时政府还必须要对其制度进行改革,对怎样发挥本国产品的市场竞争力进行研究,制定相应的政策,不断加强宏观调控。另外,还必须要建立一个有效的金融风险防范系统。还要做好民族产业适时向经济结构的模式转换。国家的经济结构转换是经济发展的核心,而产业的调整也是国家经济结构调整的最关键部分,它直接决定了国家整体的结构与发展方向,更好地抓住全球范围内产业结构调整的机会,不断进行本国的产业结构调整,进而不断加快经济的发展,缩小和发达国家之间的各项差距。

大力发展教育,不断健全社会保障体系。科学是一个国家的发展动力,而教育是科技发展的保障,人才是一个国家生产力中发展中最重要的因素。人才的培养必须依靠教育来完成,教育决定着一个国家的未来。现在的各国之间的竞争实质上就是科技、人才的竞争,因此,发展国家必须要树立人是发展最宝贵的资源意识,把人才的开发以及保护放到至关重要的位置,不断地健全社会保障对国家的长远发展有非常深远的意义

要制定全球化发展战略,有效扩大对外贸易。跨国公司是经济全球化的结果,它也是经济全球化的重要载体,一个国家的国际核心竞争力,从长远来看,主要是由一个国家的世界级跨国公司与产品决定的。利用跨国公司的国外直接投资,把本国的消极保护转变成全球市场的共同参与,并分享经济全球化带来的巨大经济利益。利用参与的国际分工,不断扩大对外贸易发展,不断地促进经济结构的调整,能够在国际市场中增强商品经济的良好观念,不断地提高竞争意识,不断地吸取国外先进技术和管理经验,面对国际市场的经济全球化发展,本国要尽可能运用劳动力及其自然资源等各方面的优势,不断扩大对外商品贸易的发展,进而不断地提升本国的综合国力。

二、发展中国家和地区的城镇化

就目前情况看,发展中国家的城镇化存在着超前城镇化和滞后城镇化两种不合理的城镇化状况。超前城镇化即城镇化速度大大超过了工业化速度,造成城镇化水平与经济发展水平脱节。国家过度城镇化,只有城镇化的形式,而没有城镇化的产业内核,工业化水平严重滞后。不少发展中国家都存在城镇化超前于工业化的现象。乡村人口过快地向城市迁移,超过城市经济发展的需要和城市基础设施的承载能力,大量人口缺乏就业机会,城市住房紧张,交通拥挤,犯罪增加。过度城镇化的原因主要是经济发展滞后于城镇化进程。在城镇化的过程中忽视农村和农业的发展,城乡差距拉大,乡村人口大量涌入城市,人口无序流动,缺乏管理。而城市经济又没有得到足够的发展,不能够很好地为进入城市的乡村人口提供就业机会和生活条件,从而造成了众多的社会问题。印度等国家出现城镇化滞后于工业化进程,工业向乡村扩散,农村人口就地非农化,其城镇化水平不能真实反映经济发展水平。

因此发展城镇化要必须遵从以下规律。一是要坚持适度城镇化的原则,城镇化过程要与工业化进程相一致。如果城镇化过程快于工业化进程,就会出现过度城镇化,经济水平不足以维护城镇的基础设施建设,导致城镇中出现交通拥挤、环境污染、秩序混乱、生活贫困的"城市病";相反,如果出现城镇化不足的情况,非农产业不能向城镇集聚,农村富余人不能向城镇转移,就会减缓工业化的进程,阻碍农业现代化的步伐,对整个经济社会发展造成多方面的不利影响。因此在选择其城镇化发展速度时,都必须具体情况具体分析,不可盲目照搬其他国家的经验。二是要城镇化与农业现代化共同发展。城镇化的过程并不完全是农民脱离农业进城的过程,而应该是通过农村生产率的不断提高,便得农业劳动生产力出现剩余,从而向城镇转移而实现的。而不是像巴西那样:地主圈占据了农民的土地,失地农民大量涌入城市的过程。因此在宏观经济层面,必须统筹城乡的协调发展,通过农业和农村自身的快速发展推进城镇化。对于发展中国家,尤其应重视农业的发展和农民利益的保护,加快农业现代化的步伐,以坚实的农业基础为工业化、城镇化提供可靠支持。城镇化的过程也不是城乡差距拉大的过程,应充分发挥城市对农村的带动作用,加强城镇地区对乡村的反哺作用,带动农村经济快速增长。通过改变城乡之间的二元经济结构,促进城乡之间的协调发展。三是要着力解决城镇人口的就业问题,充分就业是决定城镇化进程的一个重要因素,城镇代表着就业增长和发展机会的增多。城镇就业量的增长是引起城乡移民的主要因素,如果失地农民不能在城市中充分就业,没有稳定的收入,必然会成为一系列"城市病"的重要导火索,这是巴西、阿根廷所提供的教训。城镇就业问题的产生和解决方法存在于劳动力供给、劳动力需求和城镇劳动力市场上供求的三个方面的相互作用。一般来说,城镇化过程中出现的新城镇居民低素质的劳动力供给无法满足城镇内部高素质劳动力需求;城镇产业如无充分发展,也不能为居民提供充分就业机会。所以,如何协调城镇劳动力供求是城镇化进程中必须面对和解决的重要问题。四是建立较为完善的社会保障制度,在城镇化的早期阶段,各国城镇化速度的差异主要与其市场规模密切相关,其内外政策以扩大国外市场为主,市场经济制度的建立成为发展主线效率是追求的主要目标。在基本完成工业化后,各国的城镇化也进入了一个新的阶段,此后城镇化速度的差异主要与其社会保障体系的建立密切相关,其内外政策以扩大国内市场为主。社会保障制度的建立成为发展的主线,公平是追求的主要目标。相应的,社会保障制度成为新阶段城镇化推进最重要的保障,社会保障是社会经济发展的"内在稳定器",一个没有完善社会保障制度的国家如巴西,失去了土地的农民如果在城里没有纳入社会保障体系,将成为一大社会问题。在今天,发达国家的城镇化水平已经很高,发展中国家正在加速城镇化的进程,发展中国家要缩短同发达国家之间城镇化水平的差距,就应该在城镇化进程中同时建立和城市与农村的社会保障制度。

第三节 全球化对城镇化影响的比较

一、发达国家内生为主的城镇化和逆城市化

总体来看,发达国家的城镇化进程起步较早,目前处于后期的发展趋缓阶段,城镇化率一般均在 70% 以上,且逆城市化现象普遍出现。通过前面数据的实证探讨,可以看出近几十年发达国家的城镇化进程是内生推动为主和逆城市化相互并存的状态。

第一,发达国家的城镇化仍占据着世界主导地位。工业化与服务业发展是其增长的核心动力,这是由发达国家较高的经济发展水平和城市经济的基本属性所决定的。发达国家城镇化和工业化的关系可以概括为"相互促进,协同发展",例如,英国的核心城市主要是曼彻斯特、利物浦、伯明翰等一大批工业城市,加上以伦敦为主的金融中心。德国的核心城市主要是鲁尔地区的工业城市,以及以法兰克福为主的金融中心。美国的核心城市主要是大西洋沿岸、五大湖周边等地区的工业城市,以及以纽约为主的金融中心。日本的核心城市主要是大阪、名古屋、横滨等工业城市,以及以东京为主的金融中心。工业化作为城镇化发展的传统动力,服务业尤其是金融业作为城镇化发展的新型动力,都是发达国家城镇化不可或缺的因素。

第二,城市布局合理,小城镇与大都市优势互补,是发达国家城镇化率进一步增长的必要条件。其实城镇化并没有统一的规律可循,如美国式的大都市发展、欧洲式的小城镇发展等,各国大多都因地制宜,探寻出了各自合适的发展道路。但纵观各个发达国家,城镇化总体上都遵循了一个原则,即可持续性的发展。尽管发达国家也经历了优先发展大都市,再注重发展小城镇的历史,但目前两者的城镇化已经处在同步的轨道上。例如,20 世纪 60 年代,当美国一些大城市开始出现城市化带来的问题时,美国政府整合各种要素,开始注重小城镇的发展,鼓励农村人口迁移到小城镇,实现大城市、小城镇以及乡村地区经济、社会、公共服

务和人口结构的均衡。到 20 世纪 70 年代，美国 10 万人以下的城镇人口增长了 25%，主要大城市的人口也开始出现了略微下降。同一时期，日本东京也遇到了同样的问题，日本通过完善周边区县的生活基础设施，加强公共服务水平，尤其是高速轨道交通的建设，使东京 100km 范围内的下叶县、神奈川县等小城镇成为定居、生活和工作的理想区域，缓解了东京的城市问题。德国的小城镇在发展初期，交通、水电、医疗、教育和购物等生活设施就与大都市基本无异，而且自然环境优美，交通方便，使德国的大都市在发展过程中没有出现其他发达国家那样严重的城市问题。

第三，"逆城市化"在发达国家中仍然是一个普遍现象。"逆城市化"是指随着经济发展到一定阶段而带来的城区人口分散化过程，主要是指人口从集中区域分散到不集中区域。除了小城镇发展吸引了部分由于城市病的出现离开城市核心区域的人口外，逆城市化依然是发达国家一个不可阻挡的潮流。城市在集中发展经济过程中出现交通拥挤、环境污染、贫富分化等问题有时是难以避免的，这是由城市的承载力和经济特点所决定的。当城市发展到一定极限，城市的功能和空间结构会自发分散，例如，部分经济功能、文化功能以及人口聚集区向郊区和乡村地区转移，开始出现大都市郊区人口增长速度快于中心区人口增长速度的趋势。但是，逆城市化并不意味着城镇化水平的降低，只是城镇化进程中城市功能区自发地合理再分配，这是人们对于良好生活环境的自然选择，也是随着交通、物流、通信等技术的发展必然产生的结果。更重要的是，逆城市化其实对城镇化的发展有着一定的推动作用。从整体上看，逆城市化提高了小城镇人口的吸引力，促进了人口、物流和产业向小城镇的转移，为落后地区第二、三产业的发展奠定了基础，对城镇化的全面均衡发展起到了有益的作用。

第四，人口向首位城市集中的趋势进一步推动了发达国家的城镇化。城镇化进程主要是农村人口向城镇转移的过程，这在发达国家也不例外。美国三大城市带，包括华盛顿—纽约城市群、五大湖城市群和加利福尼亚州城市群，每年都创造接近 2/3 的全国 GDP。日本三大城市带，包括东京区、大阪区和名古屋区，其创造的 GDP 超过全国的 70%。由此可见发达国家人口吸纳能力的增加也更多地来自大都市及其所在的城市群。此外，发达国家的人口政策普遍宽松，人口处于自由流动状态。由于流动成本几乎可以忽略不计，所以潜在的转移人口在迁移时一般只考虑成本、收入和就业机会三个要素。大都市及其周边城市经济相对发达，吸纳的就业人口较多，收入也较高，若生活成本与原住地差别不大，城市承载力仍然有较大空间的话，有转移愿望的农村人口首选地一定是大都市或者首位城市，这进一步加深了大都市和城市群对于整个国家城镇化进程不可替代的作用。

第五，全球化对发达国家城镇化的影响力不复存在。西方国家城镇化发展初期，其直接原因被归结为城市工商业经济的发展，但背后更深层次的，可能是全球化导致的资源在全球范围内的重新分配，引起沿海贸易城市对人口的吸引力大大增强。许多国际性城市都是大型的港口城市，也正是出于这个原因。但是，最近几十年的全球化发展，其主角已经不再是发达国家,而是发展中国家。如今全球化的主要内容是发达国家的资本向发展中国家转移,以及发展中国家利用廉价劳动力、原材料等比较优势参与国际分工,进而引起的全球化范围的进一步深化和拓展。这一现实情况反映到城镇化进程,就表现为全球化对于发达国家城镇化的影响力不再那么明显,而更多地体现在内在因素的推动作用。我们的实例也明确证实了这一点。

二、全球化与发展中国家城镇化的后发优势

总体上来看,发展中国家城镇化进程起步较晚,目前多数处于早期或中期发展阶段,城镇化率在40%左右,但大部分国家已经出现了一系列不同程度的环境问题。基于实证部分的研究结论。

第一,发展中国家之间城镇化水平的差异有扩大的趋势。全球化程度高的发展中国家,城市就业需求增加。导致城乡人口转移更加频繁。城市经济的发展也提高了人口自然增长速度;相反,全球化程度低的国家,制度、技术、人力资本和制造业均比较落后,城镇化进程缓慢,城市人口增长速度较低。整体上看,发展中国家集中的亚洲、非洲和拉丁美洲的城镇化水平差距非常大,拉丁美洲由于融入全球化的时间较早,城镇化水平远远领先于其他发展中地区。

第二,发展中国家内部城市发展不均衡,大城市人口过度集中。从单个发展中国家看,与其他国家经济往来频繁的沿海城市或该国的政治中心,一般会逐渐发展成为人口密集的主要城市,这是有深刻的历史原因的。原因之一是这些国家必须依赖进口发达国家的工业品维持本国经济,更重要的原因是部分发展中国家由于经济基础薄弱,不得不向发达国家尤其是原宗主国出口资源,譬如非洲国家和部分拉丁美洲国家。双方的贸易往来,使殖民时代遗留下来的沿海城市继续对发展中国家的经济起着举足轻重的作用,并受益于全球化而得到了进一步的发展。另外,发展中国家在政策引导和政府投资上有偏向大城市的倾向。经济活动的过分集中,使大多数国家出现了"过度城镇化"的现象,已经暴露了一系列不同程度的环境问题和社会问题。

第三,发展中国家的比较优势集中在资源型和劳动密集型制造业,而全球化分工影响下的产业结构固化导致城镇化后劲不足。尽管某些发展中国家正在积极调整策略,注重可持续性发展,加速产业结构升级,取得了比较明显的成绩,如我国的北京和上海、印度的班加罗尔、阿联酋的迪拜等,但整体来看,发展中国家城镇化的动力仍然以低端制造业和资源型行业为主。发达国家为了继续保持"剪刀差"的优势,在投资和贸易进程中往往实行严格的技术壁垒和贸易壁垒,使发展中国家在转型过程中遇到重重阻碍,大部分发展中国家在困难,阻力和发达国家政治。经济压力下,往往选择放弃调整而重走老路,全球化对发展中国家产业结构的这种作用,从长远来看必然会造成城镇化的后劲不足。但是,我们也要看到少数成功的例子,如韩国、新加坡等,因此不能借此否定全球化的积极作用,而要借鉴经验,吸取教

训,找到适合自身的跨越"中等城镇化陷阱"的道路。

第四,由于出口产品的结构与发展中国家产业结构高度相关,导致出口对城镇化影响并不明显。实证部分的定量分析,比较明显地表明了这点,其结果也与样本特征密切相关,因为在发展中国家中占据绝大部分的是欠发达国家。这些国家大量出口的是本国原材料和最低端的产品;与此同时,生产这些产品的行业属于资源型行业,而资源型行业并不能显著增加城市对人口的吸引力,甚至在某种程度上会吸引城市人口到郊区和农村从事资源型行业生产,进而可能对发展中国家的城镇化进程形成一定阻力。为此,广大发展中国家,例如,中国正在积极地寻求产业升级和经济转型的办法,将转型作为经济增长以及城镇化发展的突破口,以创新、技术、制度上的变革努力改变着国际产业链低端的现实和微笑曲线的中间状态。因为从现实情况看,发展中国家的大多数人口还停滞在农村,从事着农业生产。巨大的潜力决定了城镇化之路还有很大的挖掘空间。

第五,外资对于发展中国家城镇化的影响很大,尤其是通过技术溢出、产业带动效应等促进城镇化发展的作用非常明显。从偏相关系数和半偏相关系数的绝对值可以看到,FDI占GDP比重的系数与统计显著的人均GDP的系数均十分接近。如今城镇化快速发展的国家,都是FDI增速最快的国家,如中国、巴西、墨西哥、印度等。资本的逐利性使得全球资源更合理地配置;而新兴市场国家城市经济的活力,吸引着发达国家大量的资本流入,成为FDI的主要目的地。正如理论部分所阐述的那样,FDI带动着城市制造业和服务业部门的发展。知识和技术溢出效应,以及外资企业强大的就业效应,可以通过"推—拉"作用促进发展中国家的城镇化进程。因此,从国家整体的数据看,全球化对发展中国家城镇化的积极作用主要是通过资本流动实现的。

三、开放型城镇化概念的提出

基于世界银行220个国家和地区的面板数据,利用Person相关系数、散点图矩阵和偏相关系数回归等方法,分别实证探讨了发达国家和发展中国家全球化与城镇化的关系,得出了诸多全球化影响城镇化的规律性的结论。通过对数据的深入探索我们发现,发展中国家的城镇化目前存在很多问题,例如,发展中国家之间城镇化水平的差异正在扩大;发展中国家内部城市发展越发不均衡,普遍存在沿海城市过度发展,而内陆城市发展滞后的现象;传统单一的城镇化发展模式后劲不足,过分依赖全球化可能阻碍产业结构的优化升级;等等。

中西部地区发展有巨大的潜力和回旋余地。我们将用改革的办法和创新的精神,遵循规律,推动以人为本的新型城镇化。中国愿与上海合作组织成员国、观察员国拓展新型城镇化合作,共同为各国深化与中国,特别是中国中西部地区的合作,实现互利共赢,书写新的篇章。

中国正在探索并实践一条综合性的"开放型"城镇化道路。结合本章的研究结论,本书为其下一个定义:开放型城镇化是将城市的内生发展、城市之间的区域合作和全球化背景下的外生发展有机地融为一体,形成一种合力,从而实现1+1+1>3的城镇化模式。具体来说。各个发展中国家应当将本国的经济发展和转型升级,积极吸引外资并融入全球一体化,以及鼓励大城市带动小城镇的发展这三个方面放在同等重要的位置上;同时,要以市场为根本导向,依据本国的经济基础,特殊国情和历史特点,把三者的优势完全融入城镇化"推—拉"作用的动力系统中,从而实现本国城镇化的全面、协调、开放,共融和可持续发展。

发展中国家城镇化是一个综合性问题,发展潜力巨大。我们不能因为城镇化进程中出现交通拥堵、环境污染、治安等问题,就全盘否认其对促进经济增长、提高人民生活水平等方面的积极作用。以中国为代表的发展中国家,已经在城镇化进程中取得了举世瞩目的成就,发达国家的历史经验同样深刻印证了城镇化对于经济、社会、文化等各方面的促进作用。作为与工业化、信息化和农业现代化处在同等重要战略地位的城镇化,积极促进其健康、有序、更快地发展,有深刻的理论依据和现实意义。开放型城镇化概念的提出,可以为破解城镇化发展瓶颈的难题打开一个新的思路。

第八章

全球化对城乡融合的影响

随着全球化的不断深入，全球化产生的影响也越来越大，并且在城乡融合方面也有着重要作用。本章主要讲述的是全球化对城乡融合的影响。

第一节　全球化的历史进程

一、全球化的发展历程

如果将区域间贸易算作全球化的开端，今天的全球性市场经济可能会追溯到几千年前。很多史料记载，早在公元前 2000 年，就有商人在美索不达米亚和印度之间从事贸易活动。伴随着人类历史的发展，中国成为世界上第一个统一的国家，从公元前 221 年的秦朝诞生开始，中国作为一个统一的国家延续了 2000 多年之久。从汉朝起，我国的商队就将丝绸和玉石生意扩展到了西伯利亚、印度、波斯等地。之后，我国也与世界上其他国家，比如，罗马帝国建立了广泛的贸易联系。

第一波全球化浪潮开始于 16 世纪初的"地理大发现"，结束于 1914 年的第一次世界大战。经过这几个世纪的殖民扩张，一个以西方为主导的国际分工体系逐渐形成。在这一过程中，推动经济全球化的主导力量先后从葡萄牙、西班牙，到荷兰、法国，最后转移到英国。

第二波全球化浪潮的主要特点就是西方国家跨国公司与新兴市场国家的国际贸易和对新兴市场国家的投资不断增长。在这一波延续至今的全球化浪潮中，全球化的影响力逐渐从美国扩散至诸多国家和地区，比较明显的是日本、澳大利亚、中国，快速的全球化进程也推动了这些国家经济的腾飞。

不可否认的是，全球化虽然明显促进了某些地区经济的快速增长，如东亚地区的韩国、以及新加坡，但也造成了发展中国家间的机会不平等。实际上，大多数非洲国家和地区，近几十年来的国际贸易额一直在下降；某些拉丁美洲国家在融入全球化浪潮中时遭遇了多次危机，甚至出现了经济衰退；主要的石油输出国的经济状况随着国际石油价格波动而大起大落；就连经济腾飞的东南亚国家也难以避免地遭受了金融危机的重创。因此。我们应该客观全面地分析全球化对本国经济的影响，意识到其中的风险与挑战，才能在第二波全球化浪潮中占据主动，求得长远发展。

二、中国的全球化进程

中国历来是一个友好、好客并积极和国外进行商贸往来和文化交流的国度。从丝绸之路到郑和下西洋，从鉴真东渡到马可波罗访华，都是我国热情地与周边国家在经济上、文化上互通有无、交流往来的历史事实。

中国与世界其他国家的贸易往来历史悠久，并间接导致了全球化的萌芽。从西汉张骞出使西域（公元前 140 年）到欧洲的中世纪末（14 世纪末），中国以丝绸和茶叶为主一直与欧洲开展着贸易往来，这条通商道路就是"丝绸之路"。15 世纪末，奥斯曼土耳其帝国的崛起阻碍了欧洲与中国的通商贸易，各国被迫在大西洋上寻找"新的丝绸之路"，世界历史上称其为"地理大发现"。由于"地理大发现"改变了世界各大洲相互分制的状态，使世界各国的经济联系日益密切，同时使科学和技术取得了长足的进步，因此被公认为是世界全球化的开端。

中华人民共和国成立后，周恩来总理领导下的我国外交活动频繁，如万隆会议、尼克松访华、中美、中日建交等，也都促进了中国与世界的沟通往来。但是，几千年的封建制度和意识形态以及经济体制上的差异，使这种全球化的进程仅停留在国家政治层面或文化层而上，而在经济交往方面，没能取得进一步的突破。

随着改革开放的不断深入，中国经济开始迅速发展，经济也逐渐融入世界体系当中。中国的对外开放不仅提高了人民的生活水平，也为世界经济的进一步发展做出了巨大贡献。此后，加入世界贸易组织（WTO），更使我国全球化进程步入一个崭新的阶段，加入 WTO 后，商品进出口，FDI 和我国对外投资逐渐增加，跨国公司逐渐进入内地市场，资本市场开放程度也大幅提高。

这是中国第一次真正意义上与世界经济全球化浪潮同时发展时期，也是中国真正面对全球化挑战的发展时期。随着改革开放的全方位推进，金融全球化浪潮成为中国道路所面临的最大全球化挑战，中国加入 WTO 可以看作是中国参与全球化纵深化发展的开始。目前，中国经济已经成为全球经济开放代表的发展模式，在全球化的物质层面中国已经取得了长足的进步，成为世界制造业生产和出口的大国，成为仅次于美国的世界经济增长推动性力量；在经济全球化的技术层面，中国的技术装备和创新能力伴随物质产品贸易的大规模发展，也取得了显著的突破，在电子产品、空间技术、IT 产业等领域获得了较大的国际市场，伴随中国物质产品贸易所面对的国际市场挑战，技术的自我创新将成为主要的发展趋势；在经济全球化的制度层面，中国特色社会主义市场经济体制的创新虽然确立了独具特色的体制模式，但金融市场的开放和成熟才刚刚开始。当前，金融全球化的发展趋势是经济全球化的典型特征，中国如果不能尽快地参与国际金融市场和国际金融秩序的构建，就很难在金融全球化时代取得决定性的进展。在全球化的发展趋势中，存在经济利益的冲突和竞争；政治力量的协作和对抗，这些问题会一直存在，今日的竞争对手可能转眼间变成了明天的贸易合作伙伴。全球化的发展、紧密的经贸关系和长久的利益联系，使得经济、政治的因素充满了变数和很难稳定预期的发展前景。其中，文化因素是一个重要的例外，按照著名学者塞缪尔·亨廷顿的观点来看，文化的差异是形成全球冲突的深刻根源。在他看来，文化和文化认同形成了冷战后世界上的结合、分裂和冲突模式；西方社会极力宣扬的民主价值和政治观念虽然容易获得认同，但这既未产生任何有意义的现代文明，也未产生非西方社会的西方化；从一个文明转变为另一个文明的努力没有好的成功案例。相反，各国围绕着它们文明的领导国家或核心国家来划分自己的归属，文化类同的社会彼此合作，似乎更能经受历史的考验，这充分显示了文化在全球化发展趋势中具有独特的重要地位和作用。经济和技术的因素在全球化发展趋势中是内在而紧密结合的推动力量，但是政治因素的可行性并不与全球化主导国家的期望同步，文化因素则成为一个相对独立的重要变量。文化是基于一个国家经济、技术、政治等多种因素的产物，具有反映长期历史经验积累的特征，也具有民族偏好的心理、行为特点。主导全球化发展趋势的国家，更为容易扩散其政治影响、文化理念；但这种政治影响和文化理念如果不利于实现其他国家的共同发展，就很难获得相应的助力和支持。从长期来看，对于一种发展道路的认同，不仅仅是这种发展道路所创造的持续经济效应，同样在于这种发展道路所蕴含的文化信息所能够被认同和接受的程度。

允许文化多样性和差异性的自我发展，采取更为普遍认同的发展观念、发展道路是应对全球化发展的趋势，采取文明、开放、合作、共享的文化姿态将成为各国全球化模式的共同特征。文明的冲突和全球秩序的重建命题，既说明全球化进程中文化因素的重要性和相对独立性；同时，也说明全球化的主导国家必须认识到其政治因素和文化因素的局限性，特别是尊重其他文化的重要性。文化的认同形成全球化最为坚实的推动力量，各国发展模式所谋求的现代化发展进程，需要文化的包容性才能获得持续的全球发展动力，增强全球化发展的软实力也为中国未来发展提供了文化机遇。

文化动力为中国参与全球化进程提供了最为有利的因素。中国文化具有天下为公、崇尚礼义、以和为贵、兼容和谐的品质，自古以来就海纳百川、包容并蓄，形成多民族共同发展的历史格局。经过现代化的冲击和改革开放的洗礼，中国现代文化具有更为超前的世界眼光和制度基础，这就为全球化和中国模式的相互促进提供了积极的条件。在强大的经济动力推动下，发挥文化软实力作用，成为参与全球化发展的坚实基础。

中国是一个大国，历史文化绵延不绝。无论在经济、政治、文化等各个方面，都是名副其实的大国。中国经过 40 年的平稳转型已经步入良性上升的发展轨道，这是全球的福音。中国是一个礼仪之邦，有和谐邻邦、共享文明的文化精神，因此，中国道路的全球化发展，就形成了独立于强国之外的均衡力量。所以，中国需要同转型国家间加强合作，保持与非洲国家的传统友谊，并提升经济合作的力度；加强金砖国家的经济协作，寻求共同发展之路；与发展中国家共享发展理念，形成互助协作的发展框架；等等。

三、建立可持续发展的城乡关系

（一）科学的城乡规划是城市的可持续发展的必要前提

可持续发展的城乡规划越来越被人们重视，要想实现科学的可持续发展城乡规划就要把握好以下几个方面：

1. 明确规划内容

加快推进新型城镇化是统筹城乡发展的重要途径。科学编制城乡规划是城镇健康、有序、可持续发展的前提。襄阳市城镇化规划必须建立一个科学的规划体系，结合襄阳市的实际，分为以下三个层次：一是编制襄阳市市域城镇体系规划（都市襄阳规划）；二是以各县（市）域为单位编制城镇体系规划；三是以各镇（乡）域为单位编制城乡一体化规划。在各层次的城镇体系规划中应合理安排城乡居民点和产业布局、基础设施建设及社会事业发展，为城镇发展预留空间，实现城乡规划全覆盖。要做好城镇发展规划与经济社会发展、区域发展、土地利用等规划的衔接，要充分发挥规划的引领和调控作用。

2. 把握规划原则

一是城镇体系规划要坚持集约发展的原则。要按照城乡统筹、城镇带动、产业驱动、绿色发展、优化结构、突出特色的原则，在空间结构上形成襄阳都市区的"一体两翼"（一体指襄阳市中心城区，两翼指河谷城镇群、枣阳市城区规划建设成两个50万人口规模以上的市域副中心城市）的格局；在襄阳都市区的核心区形成"一主两卫"（一主指襄阳市中心城区，两卫指宜城市城区、南漳县城区）的格局；在市域构建以襄阳市中心城区为核心，以"两轴"即武银高速公路暨汉渝铁路襄阳段城镇发展主轴、二广高速公路暨焦柳铁路襄阳段城镇发展次轴为纽带，形成"一心两轴"的城镇空间结构。构建以襄阳中心城区为龙头，以城市群和中心城市为支撑，实现大中小城市同步推进，城乡协调发展的一体化发展新格局。

二是跨区域城镇发展规划要坚持组团式发展的原则。新型城镇化道路不是走原来分散化的城镇化道路，而是走以城市群为主体形态的城镇化道路。城市圈、城市群、城镇带已成为城镇化的重要形态和发展趋势，逐步形成辐射作用大的城市群是未来城镇化发展的方向和重点。所以，跨区域城市发展规划一定要体现组团式发展理念，也就是要强化城市圈、城市群、城镇带的概念。

三是城镇规划要坚持统筹协调的原则。城镇化不仅只是为了推动城镇自身发展，而且要以城镇化推动区域协调发展，在推进城镇化进程中统筹城乡发展。因此城镇化规划一定要体现统筹协调的理念。不仅要反映人口和生产要素由农村向城镇聚集，先进生产要素和先进文化也要由城镇向农村辐射，使城乡逐渐走向交融，形成城乡一体化的新格局。

四是城镇规划要坚持突出地方特色的原则。城镇的规划和建设要充分体现地方特色，不能千城一面,要从城镇的整体形态、开敞空间、竖向形态、建筑风貌、户外设施、夜景照明等六个方面对城镇景观风貌建设现状进行考察,做出符合当地实际,彰显地方特色的高水平规划来引导和指导城镇的建设。

3. 提高规划编制水平

要想编制高水平的城镇规划,必须具备两个基本条件:一是要有高水平的规划设计团队;二是要有足够的规划编制经费做保障。二者缺一不可。除此之外,还应对规划的城镇现状进行深入的调查和分析,要从城镇的实际出发,做出符合城镇发展实际的科学的规划,以指导城镇健康发展。高水平的规划必然是符合城镇发展规律的规划,应经得起历史的检验。因此,各级政府在确保规划编制经费投入的前提下,要加强自身规划设计队伍的建设,同时要利用外脑,可聘请国际知名、国内高水平的规划机构参与市内的城镇规划,学习别人的先进理念,征集好的规划思路,做出高水平的城镇规划成果,来引导城镇建设又好又快地发展。

4. 建立建设项目统筹规划机制

建设项目应根据城镇发展的需要,列出建设时序,根据城镇总体规划和控制性详细规划,统筹编制建设规划。建设项目建设规划应广泛征集和吸收专家和公众意见,实施公众听证会制度,确保建设项目既符合规划,与周边的环境相协调,又满足公众和各方利益的需求,保证城镇按规划和谐发展。

5. 严格执行规划

当前,襄阳市已进入新一轮加快发展时期。根据省委省政府关于全面实施"一主两副"重大战略决策和加快推进襄阳市跨越式发展的决定,襄阳市将突出发展的主题,努力打造中部地区崛起重要战略支点,加快推进重点基础设施规划建设,拉大城市空间架构,完善城市功能布局。全市广大干部群众要进一步强化城乡规划意识,自觉遵守城乡规划的法律法规,共同维护城乡规划的权威性和严肃性,实现襄阳市城乡建设又好又快发展。

各级政府要履行政府职责和责任,加强对城乡规划工作的领导;要强化城乡规划的权威和法律意识,严格执行城乡规划;要彰显特色的城乡发展导向,充分发挥襄阳独特的地理和人文特色,走具有襄阳特色的城乡发展道路。

各级城乡规划管理部门,要注重城乡统筹,积极推进城乡一体化;要坚持先规划后用地后建设的原则,科学编制城乡规划;要坚持以人为本的城市发展目标,创造宜居的城乡人居环境;要坚持"阳光规划",依法行政,秉公办事,把城乡规划置于社会和公众的监督之下;要强化规划的管理,坚决查处违法违章建设,使城乡规划工作更好地为经济社会发展服务。

社会各界和广大人民群众,要积极支持和参与城乡规划,自觉服从城乡规划管理,共同营造良好的守法环境。

(二) 构建可持续发展的城乡规划需处理好几个关系

要适应我国社会的深刻变化,把和谐社会建设摆在重要位置,建立和谐城市。这里提出的和谐社会、和谐城市，不仅是重要的新概念，而且是社会主义现代化建设的重要目标，这既顺应了广大人民群众的意愿，也适合当前我国经济社会发展的状况和要求，同时也是树立和落实科学发展观的重要步骤，具有十分重要的意义。构建社会主义和谐社会，将是一个漫长的历程，需要多方努力才能逐步实现。笔者认为在构建和谐城市的过程中，要正确处理好以下几个方面的关系。

1. 人与人之间的关系

以人为本是可持续科学发展观的重要内容，重视人的发展也是和谐城市所要达到的首要目标。在可持续的城市化过程中，我们认为，正确处理人与人之间的关系，主要是解决好两类关系。

第一，城市居民与农民工之间的关系。随着工业化与城市化进程的推进，越来越多的农民离开土地到邻近城市或国内一些特大城市谋生。这些人没有取得城市户籍，依然以农民的身份存在，却在城市里长时间工作、居留。在城市当中他们主要从事建筑、餐饮、商贸等行业，不能拥有自己的住房，且他们的收入有一少部分用于个人消费而绝大多数寄回家乡。这一系列的特征都反映了他们暂时停留的特点，虽然他们也直接或间接地为城市提供了服务与税收，然而在他们倾心奉献的城市，他们没有任何的保障，失业、疾病、流离失所时时困扰着他们，对于熟悉而又陌生的城市，他们没有一丝归属感。而对于城市居民，他们通常从事着所谓"白领"的职业，无论收入的多寡，他们多数享有医疗、失业、养老住房等一系列福利。而且，需要特别指出的是，城市居民的福利待遇不仅仅是他们自身所提供的税收所支持的，而很大一部分来自农民工所提供的税收。于是在城市当中，形成了一种"劳"与"酬"的严重不对等现象，这其实是社会分配不公的一种隐性反映。因而，更多地关注农民工这样的弱势群体，处理好城市居民与农民工之间的关系是城市和谐发展要关注的重要问题。

第二，本地人与外地人的关系。以上我们所说的城市居民与农民工之间的关系固然是本地人与外地人关系的一个侧面，而这里我们指的本地人主要是出生在一地并长期在该地生活的居民；外地人指虽然不出生在该地，但已经取得该地户口或不出生在该地却长期在该地生活、工作并具有另一城市的城市户籍的人。这里的外地人与农民工的主要区别在于，农民工无论从事何种职业但依然是农村户口，而外地人具有城市户籍。改革开放以来，我国东部地区一些城市和内陆一些经济发展较好的大城市，居民生活水平迅速提高，吸引了大量高层次的劳动力到那里工作生活。这些人拥有较高的学历和文化修养，拥有较强的工作能力，为城市发展付出了艰辛的劳动，做出了应有的贡献。但由于经济、社会、文化背景的不同，外地人往往觉得也只是城市过客，无法真正融入到城市当中，特别是本地人由于本地经济的迅速崛起，内心存在巨大优越感，存在严重的排外心理。如上海商人之间习惯用地方话进行业务洽谈，外地人很难参与其中，这无形中增加了城市居民之间的矛盾，势必对城市进一步发展造成影响。另外，作为以社会主义公有制为基础的社会主义国家，由于生产资料公有的性质，人与人之间的关系也与资本主义国家存在本质区别。与资本主义国家的"人道主义"

所不同的是,在我国的城市居民之间需要一种团结、友爱、互助的精神。市场经济讲求效率,城市生活节奏飞快,往往使人们放弃了正常的沟通和交往,邻里间视而不见,咫尺天涯。而人是社会的人,社会性是人的根本属性,人们需要相互间的沟通与理解,而在这样一种社会环境下,人们失去了大部分的社会属性,孤独感油然而生,进而缺少归属感与幸福感。这是与"以人为本"严重背离的。因而,在和谐城市中,友爱、互助的精神依然是需要提倡的。

2. 人与自然的关系

统筹人与自然和谐发展,走符合国情、可持续发展的现代化道路,是实现全面建设小康社会宏伟目标的必然选择。

人与自然关系反映的是人类文明与自然演化的相互作用。人类的生存发展依赖于自然,同时也影响着自然的结构、功能与演化过程。人与自然的关系体现在两个方面:一是人类对自然的影响与作用,包括从自然界索取资源与空间,享受生态系统提供的服务功能,向环境排放废弃物;二是自然对人类的影响与反作用,包括资源环境对人类生存发展的制约,自然灾害、环境污染与生态退化对人类的负面影响。

工业化的开始,也就标志着城市化的起步,在工业化于城市化相伴而行的过程中,在人与自然的关系方面,人类已处于主动地位。当城市社会经济发展违背自然规律、资源消耗超过自然承载能力、污染排放超过环境容量时,就将导致人与自然关系的失去平衡,造成人与自然的不和谐。因此,城市为了求得持续发展,不断提高自己的生活质量,必须充分认识自然规律。现代城市发展到今天,应该已有能力主动调整自身行为,实现人与自然的和谐发展。正如恩格斯所说:"我们连同我们的肉、血和头脑都是属于自然界,存在于自然界的;我们对自然界的整个统治,是在于我们比其他一切动物强,能够认识和正确运用自然规律。"

原始社会不存在城市的状态下,人与自然基本处于一种和谐状态,农业社会的生产力水平较原始社会有很大的提高,随着人口数量的增加,活动范围的不断拓展,城市逐步产生发展。但是由于人类改造自然的能力尚不能对自然造成威胁,因而城市发展与自然环境仍能保持基本和谐。然而到了工业社会,城市发展具有了一定规模,人与自然的关系就变得紧张而复杂了。特别是近五十年来,城市发展与自然环境的紧张关系在全球范围内呈现扩大的态势,主要表现在三个方面。一是城市发展与自然环境相互作用模式比以往任何时候更加复杂多样,协调人与自然的关系更为困难。二是发达国家在城市实现工业化的过程中,走了一条只考虑当前需要而忽视后代利益、先污染后治理、先开发后保护的道路。三是通过市场化和经济全球化,发达国家的生产方式和消费模式在全球扩散;由于国家与区域间经济社会发展的不平衡,发展中国家往往难以摆脱以牺牲资源环境为代价换取经济增长的现实,面临资源被进一步掠夺、环境被进一步破坏的严峻局面。而城市正是整个经济运行的主要载体,于是如何协调城市发展与保护自然环境的关系就成为城市和谐发展的又一主要问题。

3. 产业之间的关系

产业之间的和谐从大的方面说是城市一、二、三产业的关系合理化。西方发达国家城市工业的发展一般是建立在较高水平农业基础上的,农业工业的发展、工业化提供了大量的剩余劳动力、工业原料和广阔的市场空间。而现代工业的发展为农业发展提供了先进的设备和农民生活必需品。二者相互促进,共同发展。城市第三产业主要是服务业的发展为从事一、二产业的居民的生产、生活提供了大量的社会服务,同时也直接或间接地消费农业与工业品。这种三者相互联系、相互促进的状态是经济发展规律的必然结果和内在要求。然而在我国,工业化并不是建立在发达农业基础之上的。中华人民共和国成立以来,由于特殊的国际国内环境,我国不得不采用一种片面工业化的策略:优先发展工业,优先发展城市,但这是以牺牲农业利益为代价的。如果说片面工业化道路是中华人民共和国成立初期情况所决定,那么改革开放后,有利的国际国内环境、多种所有制并存的所有制结构要求工业对农业的反哺,使农业能够在最短的时间里发展强大起来。城市发展到一定阶段后,需要强大的服务业支持,然而由于历史上遗留下来的片面工业化思想,以及第三产业起步较晚,我国城市二、三产业仍然不能协调,基本表现为第三产业的滞后发展。因而,解决和谐城市的产业问题,首先要解决的就是一、二、三产业的和谐发展问题。

另外,城市主导产业与辅助产业的关系也是和谐城市所要解决的一个重要关系。我国城市普遍存在的一个问题就是主导产业不明确,城市与城市产业结构雷同,重复建设现象严重。城市的主导产业应该是建立在城市特色与比较优势基础之上的,缺少了比较优势的支撑,主导产业起不到对经济发展的带动作用。有的城市虽然主导产业明确、突出,但是由于辅助产业的发展跟不上,也会出现发展的瓶颈。

4. 各种资本之间的关系

自改革开放以来,我国实行的是以公有制为主体、多种所有制并存的所有制形式。特别是随着对外开放的深入,越来越多的外资进入国内城市,这些外来资本为我国经济发展注入了新的血液,为城市建设和城市经济发展提供了大量资金、先进的技术和管理方法。但这些外资在国内多享受税收等政策的优惠,即在国内享受了超国民待遇,形成了与国内企业的不平等竞争。随着我国经济发展,宏观形势向好,需要逐步取消外资在中国的超国民待遇,为各种企业发展创造公平的市场环境。另外,在东部,特别是珠三角一带,是三来一补小企业的大本营,这些企业规模小、技术水平低,有一些污染严重,已经不适应我国城市经济的进一步发展。但毕竟这些企业为我国城市经济发展做出过贡献,且在一定范围内还在发挥重要作用,处理好与这些企业的关系,也是和谐城市的重要一环。

"一个国家的资源要得到有效的配置,一定主要靠民间的力量、自由企业制度下的力量来推进它的发展。"一个城市的资源到底应向何方配置,如何配置资源才能最有效?这就不能不提到国企、民企与外资在一个城市中的地位和作用。任何一种组织形态,它是不是有效,只有通过市场竞争来检验。企业想要大发展,进行整合非常重要,那么问题是由谁来整合中国的企业呢？无非是国企、民企或外资。而过去几十年的改革证明，国有企业没办法承担这个任务。一些大的国有企业盈利水平看上去比较高，但这些企业能盈利的原因，在于它占有垄断资源，例如石油行业的国有企业并不支付资源成本，从外表来看是赚钱的，但是反过来说，如果我们在全世界公开拍卖石油勘探权，卖出的价格远远要高于石油公司上缴的利税，所以由于国有企业对资源的垄断，实际上是造成了国家财富的流失，而且是非常严重的损失。因此，国有企业应该从一些行业中退出，让位于民企或外资。外资虽然在一些城市经济中起到重要作用，但毕竟"肥水不流外人田"，培育真正的民族企业与民族品牌才是发展的根本所在。民营企业的发展为城市解决了大量的问题，例如下岗、失业或者农村就业等问题。改革开放的现实也证明了，哪些城市民营经济发展得好，经济发展就会更快，而不愿意放开民营企业，死守着国有企业的，经济只能面临衰退的危机。因此，要想求得经济的快速稳定发展，就必须处理好国有资本、民营资本与外来资本的关系。

（三）可持续发展的城乡规划案例

随着我国经济水平的飞速发展，城镇发展水平日益提升。部分位邻城市中心以及沿海的小镇，借助其得天独厚的地理位置，成为旅游业的新宠。但能源短缺与环境恶化带来的重重挑战，给我国小镇的发展带来一系列新问题，由此提出新型城镇能源系统应把绿色低碳、可持续发展作为基本准则。因此，以可持续发展的城乡规划建设管理为背景，以"滨海浪漫旅游路"的起点嵩屿小镇为例，探讨新小镇建设中城乡规划建设管理的重点和手段，对建设"厦门新外滩"可持续发展方向进行了展望和分析。

1. 嵩屿小镇概况

嵩屿小镇位于建港路南面，紧邻海沧大道和嵩屿码头，总占地面积约 0.18km²。规划区东距厦门本岛直线距离 3.5km，距鼓浪屿直线距离 1.6km；北距马銮湾新城约 11km，距海沧新城 2.8km；西距角美中心区 13km，南距招商局漳州开发区约 4km。

2. 嵩屿小镇发展目前面临的机遇与挑战

（1）厦门拟建国际知名的滨海浪漫旅游路

根据"美丽厦门，共同缔造"的战略规划，其规划线路是沿四个区的海岸线，从海沧通过省级绿道，经集美和同安一直延伸到翔安。起点位于海沧嵩屿码头，终点位于翔安莲河。其中海沧段开始于嵩屿码头，延绵到新阳大桥，全长涉及 15km 美丽海岸线。该浪漫旅游路线一旦规划设计完成，将成为厦门市的新外滩，为片区带来新的发展机遇！

（2）上位规划对嵩屿小镇发展提出更高的要求

厦门市注重生态旅游的发展及生态城市的建设，致力于把厦门打造成生态型旅游城市。其坚持以建设世界生态城市为规划目标，依托嵩屿码头的区位优势，着力打造舒适、便捷、设施完善的国内一流的旅游码头及客运中心。同时，交通枢纽将带来的大量客流量，促使嵩屿避风坞改扩建方案进行调整，使其与客运中心的功能有更好的衔接，并带动嵩屿、博坦仓储区域的开发建设，努力将嵩屿片区建设成为厦门新的"城市会客厅"。基于厦门市的基本城市发展观念及旅游发展观念,其对于城镇发展提出了新的要求。因此,如何应对新发展形式下的上位规划,合理利用有效资源,明确发展方向是当前所面临的新问题。

（3）保护和利用生态资源

嵩屿小镇拥有良好的生态资源,小镇区域范围内有山体公园绿化区、避风坞及油库区等,水系丰富。靠山滨水区域一直都是生态敏感脆弱的旅游区域,随着嵩屿码头的进一步开发,油罐仓储对居住环境的影响日益凸显。根据相关规定,除了要规定石油库与居住区及公共建筑物的安全距离,还应考虑到石油库储存和装卸油品作业时排出的油气对居住区和滨海环境的污染。综合分析后规划建议搬出靠近村庄的油罐,并将小学设置为二期建设项目,保护珍贵的鼓浪屿和周边海域,同时可以利用欣赏自然海域景观作为星级酒店的一大亮点。

第二节　城镇化的历史进程

一、世界城镇化发展

诺瑟姆（Northam）认为城镇化呈"S"形曲线发展,其过程可划分为三个阶段,这被众多研究证实和引用。根据城镇化发展的"S"形曲线,当一个国家或地区的城镇化率低于30%的时候,处于城镇化初始阶段,城镇化速度相对缓慢;当城镇化率处于30%~70%的时候,城镇化高速发展;当城镇化率超过70%以后,城镇化的速率有所回落,进入平稳发展阶段,这一阶段是城镇化的高级阶段。根据以上标准,结合世界城镇化发展的实际历程,我们将1800年之后的世界城镇化进程分为三大阶段。

第一阶段:城镇化初步发展阶段。在这个阶段,工业革命的发源地英国,城市化进程走在世界前面。从1760年开始,经过90年的发展,到1851年,英国成为世界上第一个城市人口比重超过50%的国家,基本实现城市化。而在1850年,世界城镇人口比重仅为6.3%,其中发展中国家的城镇人口比重为6.0%,发达国家的比重也仅仅达到11.4%。

第二阶段:城镇化局部发展阶段。英国的工业革命和城市化道路对欧洲和北美等发达国家的城市化起到了很好的示范作用。在这100年时间里,发达国家城市化水平达到了51.8%。同期,发展中国家的城市化进程也有明显进步,从1850年的6.0%增长到1950年的16.2%。在这个阶段,发展中国家的城镇化水平依然处于30%以下,处于城镇化发展缓慢的初级阶段,而发达国家在1900年的城市化水平超过30%,城镇化水平加速发展,发展中国家的城镇化进程明显滞后于发达国家。

第三阶段:城镇化的普及发展阶段,20世纪50年代以后,全世界的城市化水平取得了较大的提高。这一阶段的第一个突出特点就是城镇化速度加快,这恰与上文提到的城镇化发展的阶段性规律相吻合,即一旦城镇化率达到(超过)一定高度30%以后,城镇化的进程呈加速发展的趋势,这种趋势到城镇化率达到 70%~80% 才能减缓下来。发达国家 1800 年—1950 年城镇化率年均只有 0.3 个百分点,而 1950 年—2010 年年均 0.45 个百分点,1950 年—1980 年更是高达年均 0.61 个百分点,呈加快增长趋势。但是发达国家在 1980 年城镇化率达到 70% 以后,开始缓慢增长,1980 年—2000 只增加了 0.21 个百分点。发展中国家 1800 年—1950 年,城镇化率年均提高 0.08 个百分点,而 1950 年—2010 年则为年均 0.5 个百分点;世界城镇化率 1950 年—2010 年年均提高约 0.39 个百分点,也远高于 1800 到 1950 年年均 0.16 个百分点的增加率。第二个突出特点是发展中国家的城镇化速度超过发达国家。尤其是在 1980 年,发达国家城镇化率超过 70% 进入城镇化高速回稳阶段,而发展中国家城镇化率接近 30%(29.2%),进入高度发展阶段。自 1980 年—2010 年,发展中国家的城镇化率提高了 17 个百分点,发达国家仅提升了 5.6 个百分点,城镇化速度前者约是后者 2.6 倍。

2010 年发展中国家城镇化率为 46.2%,而发达国家城镇化率已达 71.8%,根据城镇化发展的阶段化规律,发展中国家城镇化仍将是世界城镇化的主流,"南快北稳"的格局将会持续发展下去。

从不同国家来看,英国的城市化水平在 1960 年就达到了 78.44%,经过 46 年之后于 2006 年达到 80.20%,2020 年为 83.90%,60 年间提高 5.46 个百分点;美国 1960 年的城市化率为 70.00%,2006 年达到 80.10%,2020 年为 82.66%,60 年间提高 12.66 个百分点;德国 1960 年的城市化率为 71.38%,2020 年为 77.45%,60 年间提高 6.07 个百分点。

日本 1960 年的城市化率为 63.27%,从 1976 年的 75.94% 到 2000 年的 78.65%,24 年间仅提高 2.71 个百分点,日本在 1974 年和 1991 年前后分别出现了两次房地产大泡沫。2000 年之后,日本的城市化水平继续发展,于 2010 年突破 90% 达到 90.81%,2020 年为 91.78%。

大都市连绵带将扮演重要角色。信息化的不断深入及大量高速交通工具的出现,不同城市间优势及功能的分化和互补,都大大加强了不同城市之间的联系,促进了大都市连绵带的形成。现阶段,在经合组织国家总人口中有 70% 以上生活在大都市地区,在一些经合组织国家,大约有一半人口都居住在大都市连绵带。可以预期发展中国家也将会随着经济发展而出现一批新的大都市连绵带。

随着社会生产力的不断发展,城乡差别将不断缩小并逐步走向一体化。从发达国家的历程来看,城乡关系都经历了分离、对立、融合这几个阶段。进入 21 世纪,随着信息技术和全球化的发展,城乡一体化的趋势愈发明显,许多国家出现"逆城市化"现象及大都市连绵带,事实上已经在一定程度上结束了城乡对立,进入城乡一体化状态。另外,随着城镇文明向农村的传播和渗透,农村的现代化步伐也不断加快,从而城乡差别也必将不断缩小,最终,城乡走向一体化。

城市功能由生产型向人本型转变。随着城市产业结构的不断更新升级,城镇物质财富的不断积累,城市人的生活也从追求生存到追求享受和自身的全面发展,以及对所在城市家园归属感的追寻。因此城市功能的发挥不仅仅是生产功能的实现,而更主要的是从更高层次上努力改善城市环境,丰富并提升城市文化,提高城市生活质量,把"人的幸福感"作为出发点和归宿,保障生活、经济、社会、生态和环境的安全。人本型城市的兴起,必将导致智慧城市、文化城市、生态城市等新型城市的出现和普及。

二、中国的城镇化进程

中国城市的发展有着悠久的历史。唐宋时期的长安、开封和杭州在当时都是人口数量最多的城市。譬如长安,国内外不少学者认为这座城市在鼎盛时期的人口规模超过 100 万。尽管城市的起源多种多样,有军事防御面的原因,有政治方面的原因,也有社会方面的原因,但是一个普遍的观点是现代城市是西方工业革命以后才出现的。起始于 18 世纪后半叶的工业革命,使现代工业从手工业和农业中分离出来,二、三产业和人口向城镇地区迅速集中。然而,从西方工业革命开始到中华人民共和国成立,接近 200 年的时间里,我国的城镇化速度缓慢。

改革开放后,我国经济水平迅速发展,制造业和服务业的发展为城镇化进程提供了动力,虽然城镇化仍较为落后,但增速却明显提升。

目前我国已经建成的城市群可以用"3+10"来概括。即京津冀、长三角和珠三角这 3 个世界级超大规模城市群。以及哈大齐、吉中、辽宁半岛、山东半岛、中原、长江中游、成渝、关中、长株潭、福厦 10 个影响区域发展的国家级城市群。尽管城镇化进程主要关注单个城市的规模及扩展,但与其正向关联的城市群的发展,作为与城镇化共生互动的关键因素,也需要进行合理规划,从而促进城镇化进程的全面和协调推进。

根据我国的国情状况,近 30 年来,我国城镇化发展较为迅速,农业劳动力转化的规模也较大,农业和农村发展有利于扩大城市工业及服务业发展必需的市场需要,而且建立在农村发展基础上的小城镇发展,也是我国城镇化道路的一个重要特征,促进了大中城市与乡村小城镇相互协调发展的新道路。

改革开放后,世界银行等国际组织和国外学者对中国城镇化一直比较关注。诺贝尔经济学奖获得者、美国经济学家斯蒂格利茨把中国的城镇化与美国的高科技,并列为影响 21 世纪人类发展进程的两大关键因素。据联合国统计,2013 年末,我国城镇化率达到了 53.7%,首次突破 50%。与此同时,中国的新型城镇化正蓄势待发。新型城镇化是一种国家政策引导的鼓励城市发展的庞大规划,是以产城互动、生态宜居、城乡一体、城乡统筹、和谐发展、节约集约为特征的注重质量的城镇化,是注重大、中、小城市和小城镇协调发展的城镇化。但是,其核心依然是以人为本,即"人"的城镇化率的提高。因此,提高人口城镇化率依然是目前,乃至今后相当一段时间内我国发展的目标之一。

我国过去 40 年的城镇化促进了经济社会的快速发展。首先,支撑了国家经济的高速发展,2020 年 GDP 总量突破 100 万亿元,占全球经济的比重,由 1978 年的 1.7% 提高到 2020 年的 17%,全面建成了小康社会,历史性解决了绝对贫困问题。其次,快速城镇化实现了"乡村中国"向"城市中国"的巨大变迁,改革开放后约 7 亿人口从农村进入城市,城市数量从 1978 年的 193 个增长至 2019 年的 684 个。第三,环境条件得到了根本改善,城镇居民人均住房建筑面积由 6.7m² 提高到约 40m²,改善了 2 亿困难人群的住房条件,交通、市政等各级各类城市的基础设施得到根本性改观。

第三节　全球化和城镇化的发展趋势

一、全球化未来的发展方向

全球化在推动世界各国科技创新、制度进步、贸易发展及文化繁荣等方面起到了显著作用。在经历了以"地理大发现"为标志的第一波全球化浪潮和以跨国公司的国际贸易和资本流动为标志的第二波全球化浪潮之后,世界各国目前正在孕育着新一轮的全球化。其中,有四个非常明显的新趋势:

第一,席卷全球的新型科技潮流的出现。世界金融危机过后,一场新的科技革命正在酝酿,各种前所未见的新兴产业如雨后春笋般出现,尤其以页岩气革命、移动互联网和智能机器人(工业 4.0)为代表。事实上,在应对国际金融危机过程中,美国、德国、英国、日本等发达国家和中国、印度、巴西等主要新兴市场国家纷纷加大科技研发投入,抢占未来技术进步和产业发展的战略制高点。以工业 4.0 为例,其实指的是仍然处于起步阶段的第四次工业革命,其核心内容是"智能工厂",主要依靠软件、通信设备、智能机器人等技术使工业生产进一步优化。又如快速发展的移动互联网,目前无线通信、编程技术。大数据应用等已成为全球发展最快和专利申请增速最大的领域。另外,能源作为经济发展的基础,也由于钻井技术的重大突破和生产成本大幅降低,出现了美国页岩气开采的革命性发展。

第二,生产方式上出现新的变革且在全球化蔓延。首先是生产方式的智能化。随着信息技术的广泛应用,智能机器人、立体打印等技术改变了生产的过程,使生产效率大大提高、人工成本急剧下降,企业会更多地选择靠近市场的区域进行生产,这将对全球化的区域产业格局产生影响。其次是生产方式的信息化。互联网技术与工业 4.0 的结合,使所有人在自己家里就可以和办公室甚至工厂相连接,实现控制和资源共享。因此,生产方式的信息化导致的深刻变革,将使国家竞争力和全球产业格局发生变化。最后是制造业与服务业不再各自孤立,生产性服务业将成为全球经济新的增长点。生产性服务业的发展壮大,是产业分工和专业化生产的必然结果。这类企业主要为促进制造业技术进步、提高生产效率提供保障服务。以人力资本和技术创新为主要投入,使制造业企业研发、设计、物流、营销等环节的专业化分工,是第二、第三产业加速融合的关键。

第三,全球产业链格局将出现重大调整。首先是制造业全球产业内价值链分布程度的继续深化，这也是全球化深入发展的必然结果。其次是发达国家制造业"回流"趋势明显。其原因比较复杂，一是金融危机后西方国家为了解决本国失业问题，鼓励在海外投资的跨国公司迁回国内；二是近十年来海外投资增长速度过快，跨国公司开始意识到并"纠正"之前过快的扩张步伐，重新整合产业链布局。三是被投资国劳动力成本急剧上升，特别是中国，而西方国家如美国的劳动力成本反而有所下降。最后是第三产业全球化趋势越发明显。一是外商投资已经从制造业逐渐转向服务业；二是服务贸易发展迅速。比如，我国目前承接服务外包的领域涉及软件、集成电路、现代物流、供应链管理、金融服务以及影视文化等；三是中间品贸易成为国际贸易的主流。

第四，国际贸易体系将出现根本性变革。首先是国际贸易的范围将不断拓展，除了传统货物和服务贸易外，许多新的贸易形式亟待建立全球性的国际贸易规则。例如，知识产权、碳排放权交易、国际劳工、跨国基础设施投资等。其次是区域合作进一步向多元化发展，除了亚太经合组织、欧盟、北美这三大自由贸易区外，美国以及其他亚太国家目前倡导建立的跨太平洋伙伴关系协定（TPP）的力量也不容小觑。最后是贸易保护主义有逐渐扩大的趋势，金融危机后，欧美国家极力恢复本国经济，对发展中国家尤其是中国的反倾销调查越发严格，贸易壁垒逐渐增多。以光伏产品、电子产品为例，中国在国际市场上已拥有很强的竞争力，欧美国家往往构建较高的技术壁垒作为保护本国产品竞争力的手段。

二、城镇化未来的发展格局

西方国家的城镇化进程在经历了上百年的快速发展阶段后，目前已经趋于基本停滞的状态。未来城镇化的增长一定是在发展中国家，尤其是新兴市场国家。通过前面对城镇化历史进程的总结和分析我们看出，无论是在发达国家还是在新兴市场国家，城市经济在一国经济中的地位越来越重要。从历史经验和目前的趋势看，城镇化未来可能形成以下的发展格局。

第一，新兴市场国家城镇化速度将明显快于其他发展中国家和发达国家。尽管许多新兴市场国家城市人口出现了老龄化趋势，但是数量众多的农村人口依然可以支撑这些国家未来快速的城镇化进程。目前中国、印度、巴西等国家的核心城市快速上涨且居高不下的房地产价格也证明了这一点。相反，发达国家的城镇化发展已接近停滞状态，有的国家甚至出现人口的负增长；同时由于除了新兴市场国家的其他发展中国家和低收入国家经济发展速度和城镇化水平还比较低，因此预计未来新兴市场国家的城镇化发展将快于其他发展中国家和发达国家。

第二，人口集中程度增加，大都市将扮演更重要的角色。除了人口继续增加的国际大都市外，发展中国家尤其是新兴市场国家新的都市群正在快速成长。此外，美国三大都市群——平洋沿岸城市群、大西洋沿岸城市群和五大湖沿岸城市群的 GDP 总量占全美国 GDP 总量的 67%；日本东京、大阪和名古屋三大都市圈 GDP 占全国 GDP 的 70%。相比较而言，我国三大城市群——珠三角、长三角和京津冀的经济总量仅占全国 GDP 的 38%，因此，大城市的发展潜力仍然十分巨大。

第三，随着新技术和新兴行业的发展。创新、绿色和智慧城市将成为城市发展主流。城镇化的未来发展要遵循资源有效利用、环境友好保护和构建智慧型城市等要求。对于发展中国家，不能再走以资源浪费、环境破坏为代价的粗放型城镇化道路，应当从西方国家城镇化的历史进程中吸取教训，充分利用全球化带来的机遇，利用新技术，新产业和新人才，缩短与西方国家城镇化的差距，利用后发优势进行赶超。

第四，城镇化带来的负面问题将得到更多的关注。尽管人口有向大城市集中的趋势，但城市规模并不是越大越好，过大的城市规模可能会引发城镇化过度发展带来一些难以避免的问题。例如，人口空间布局不合理、产业结构单一、资源使用过度、自然环境破坏及种种社会矛盾等。这些问题在新兴市场国家，尤其是拉美国家中表现得尤为突出，拉美国家普遍出现了过度城镇化现象，即城镇化水平明显超过其经济发展水平和工业化程度，城市病问题十分严重。譬如说，城市公共服务设施、住房、社会保障制度等不能适应过快增长的城市人口；又如收入两极分化和贫民窟现象及社会治安问题等。发展中国家怎样处理和解决好城市高速发展后的资源、环境、经济结构和社会公平等问题，将是城镇化未来发展的关键所在。

结 语

　　城乡各种客运方式通过规划、建设、管理和运营,做到城乡公交的公共利益优先、交通规划优先、财政扶持优先、场站建设优先、道路通行优先等公共服务优先;因地制宜、因势利导,逐步构建城乡一体的公共客运服务网络,使城乡居民平等享有相同或相近的交通运输服务,享有公平的政策待遇。由主要依靠资金和物质要素的投入向主要依靠科学管理、科技创新、人员素质提升和公共服务水平提高的方向转变,促进城乡公共客运的可持续发展。

　　在我国现代化的城乡发展一体化大环境下,城镇化发展的进程不断加快。在这样的新形势下,在当前的新型城镇化发展过程中,应当加强城乡建设,突破过去城乡建设的规划方式,营造一个良好且和谐的城市氛围与环境,强调城市所具备的功能,为城市的健康可持续发展增添更多的推动力。在当前的城乡发展大环境下,城乡规划应保证自身的时代特性,与我国社会与经济快速进步要求相符。经过城市与乡村区域的良好协调,将以人为本的发展观念落在实处,进而满足人们的实际需求,和社会的实际发展情况相符,实现城乡一体化大环境下的城乡合理规划,推动我国城乡的深入发展。

　　当前还有一大部分的城镇处于初步发展阶段,各项公共配套设施还未完善,各方面发展还存在不足。一个城镇的发展与建设新型城镇,不能拘泥于过去的发展模式,利用自身拥有的各种条件,同时结合新型科技,与时俱进、积极创新才能实现全面的持续发展。

参考文献

[1] 杨健 . 到 2025 年城区人口年均增长达 3-4 万 [N]. 烟台日报 ,2021-12-03(003).

[2] 郑耀群 , 崔笑容 . 基于 CiteSpace 的近 20 年中国新型城镇化研究热点分析 [J]. 中国集体经济 ,2021(27):61-63.

[3] 赵健 . 新型城镇化和乡村振兴双轮驱动背景下的城乡融合发展路径探析 [J]. 农村经济与科技 ,2021,32(14):247-249.

[4] 韩谦 . 加快新型城镇化建设促进县域城乡融合发展 [J]. 乡音 ,2021(7):8.

[5] 廖兴阳 . 促进农业转移人口有序有效融入城市 [N]. 昆明日报 ,2021-06-17(001).

[6] 侯恩哲 .《2021 年新型城镇化和城乡融合发展重点任务》督促建筑业绿色低碳转型发展 [J]. 建筑节能 (中英文),2021,49(4):44.

[7] 南方日报评论员 . 扎实推进新型城镇化和城乡融合发展 [N]. 南方日报 ,2021-04-14(A04).

[8] 李坤 , 石遵玮 . 基于乡村振兴和新型城镇化的中国城乡融合发展研究 [J]. 南方农机 ,2021,52(6):92-93.

[9] 李铁 . 新型城镇化和城乡融合发展 [J]. 中国经贸导刊 ,2020(24):32-33.

[10] 陈明星 , 叶超 . 深入推进新型城镇化与城乡融合发展的思考与建议 [J]. 国家治理 ,2020(32):42-45.

[11] 何仁伟 . 基于乡村振兴和新型城镇化的中国城乡融合发展研究 [J]. 中国西部 ,2020(3):23-30.

[12] 陈炎兵 . 疫后经济视野下的新型城镇化建设和城乡融合发展 [Z].2022.

[13] 张泉 , 张坤 , 薛珊珊 . 城乡融合视域下乡村振兴与新型城镇化协调发展研究 : 以合肥市为例 [J]. 建筑与文化 ,2019(10):230-232.

[14] 刘凤 . 新型城镇化背景下文化产业与旅游产业融合发展研究 [D]. 长沙 : 湖南师范大学 ,2019.

[15] 李笛 . 乡村振兴战略视域下的城乡关系研究 [D]. 武汉 : 武汉大学 ,2019.

[16] 颜家瑶 . 新型城镇化和乡村振兴双轮驱动背景下的城乡融合发展路径探析 [J]. 市场研究 ,2019(1):41-43.

[17] 唐俊男 . 新型城镇化背景下的城乡融合发展 [D]. 武汉 : 华中师范大学 ,2018.

[18] 张改素 . 基于新型城镇化的中原经济区城乡统筹发展研究 [D]. 郑州 : 河南大学 ,2015.

[19] 丁伟.新型城镇化城乡融合发展模式研究 [M].北京：中国城市出版社,2015.

[20] 武岩.全球化背景下的新型城镇化发展研究 [M].北京：中国工人出版社,2017.

[21] 纪慰华.新型城镇化 [M].上海：上海人民出版社,2018.

[22] 王伟光,魏后凯,张军.新型城镇化与城乡发展一体化 [M].北京：中国工人出版社,2014.

[23] 胡玉鸿,段进军.创新与中国城镇化的转型发展中国特色城镇化研究报告 2016 版 [M].苏州：苏州大学出版社,2017.

[24] 刘跃,何郑涛,叶宇梅.信息化与新型城镇化互动效应与路径研究 [M].北京：新华出版社,2018.

[25] 张升平,曾刚,熊竞.科技驱动新型城镇化上海张江发展模式研究 [M].北京：中国工人出版社,2015.

[26] 贺凤娟,厉以宁,艾丰,等.双创驱动新型城镇化陕西西咸区发展模式研究 [M].北京：中国工人出版社,2016.

[27] 郭光磊.北京市新型城镇化发展研究 [M].北京：中国言实出版社,2016.

[28] 郭小燕.中部地区新型城镇化模式研究 [M].郑州：河南人民出版社,2018.

[29] 赵利梅.新型城镇化背景下农民工住房问题研究 [M].成都：巴蜀书社,2018.

[30] 宋亚平,项继权.湖北新型城镇化转型与治理研究 [M].武汉：湖北科学技术出版社,2014.

[31] 郭莳.新型城镇化与新型城乡空间研究丛书与城市化共生可持续的保障性住房规划与设计策略 [M].南京：东南大学出版社,2017.

[32] 李煜伟,郭淑婷.新型城镇化与教育支持 [M].广州：广东经济出版社,2014.

[33] 章文彪.城乡融合的浙江探索与实践 [M].杭州：浙江人民出版社,2017.

[34] 韩俊,何宇鹏,厉以宁,等.新型城镇化与农民工市民化 [M].北京：中国工人出版社,2014.

[35] 杨述明.城乡融合发展助力岣山村乡村振兴 [M].武汉：湖北人民出版社,2019.

[36] 刘尚高,赵萍.北京市海淀区新型城镇化发展研究 [M].北京：现代出版社,2016.

[37] 张春玲,吴红霞,赵爽.互联网+背景下河北省新型城镇化发展机制与路径研究 [M].北京：中国国际广播出版社,2017.

[38] 范周,齐骥,卜希霆,等.新型城镇化与文化发展研究报告 [M].北京：光明日报出版社,2013.